PAPEL
limón

PAPEL limón

PRIMERA EDICIÓN

Buenos Aires, Argentina
Julio 2024.

Textos e historias de Monserrat Gamboa
Editado y maquetado por Gisela Benazzo
Ilustrado por Lucila Piazza

Hecho el depósito que marca la ley 11.723
La reproducción total o parcial de este libro en cualquier forma que sea, idéntica o modificada por fotocopia y otros métodos o sistemas, sin el permiso previo y por escrito de los editores viola derechos reservados.

Impreso en Argentina.
Printed in Argentina.

ISBN: **978-631-00-4250-3**

Gamboa Castro, Monserrat Camila
  Emigrar hacia adentro / Monserrat Camila Gamboa Castro ; Ilustrado por Lucila Piazza. - 1a ed - Ciudad Autónoma de Buenos Aires : Andrea Gisela Benazzo, 2024.
  128 p. : il. ; 21 x 15 cm.

  ISBN 978-631-00-4250-3

  1. Relatos Personales. I. Piazza, Lucila, ilus. II. Título.
  CDD 808.883

Para Alejo y Delfina, los primeros
en creer en mis historias...

índice

Rosario

capítulo 1
inicios
pág. 13

capítulo 2
el lado triste
pág. 33

capítulo 3
convertirse
pág. 43

capítulo 4
conectar con mi intuición
pág. 71

capítulo 5
la parábola de los talentos
pág. 81

capítulo 6
los amigos individuales
pág. 91

capítulo 7
a través de los sentidos
pág. 97

capítulo 8
final
pág. 111

extra
historias
pág. 121

OLAVARRÍA

Hogar es donde estemos JUNTOS

Llamaba a mi mejor amiga casi todos los días y en un momento de plena frustración, le dije llorando: *"quiero ser la Monsi de siempre"*. Lo que no sabía es que esa Monsi ya no podía volver y que lo que estaba conociendo era otra faceta de mí. Una faceta de tristeza ante un cambio tan rotundo.

No reconocerte ni saber quién sos también es parte de mudarte. No reconocés los lugares ni tus sentimientos ni la gente. Tampoco entendés algunas palabras. Era obvio que iba a sentirme perdida.

Nací y viví durante 21 años en Rosario, Santa Fe. Una ciudad mediana, que más adelante te contaré lo que eso significa. Llena de gente, pero lo suficientemente pequeña como para no sentirme perdida. Nunca imaginé que me mudaría definitivamente, amo mi ciudad con sus ventajas y desventajas. Siempre soñé con viajar, hacer intercambios a otros países, conocer otras culturas, irme, pero siempre volver.

Nunca planeé emigrar.

A mis 19 años conocí, a través de un tercero, a un chico que vivía en Olavarría. Como bien lo imaginó nuestro conocido, con Die conectamos en seguida. Había algo que nos hacía sentir tranquilos y con mariposas en la panza al mismo tiempo. No creo en las casualidades, así que seguí mi intuición y nos enamoramos.

Yo vivía en Rosario y él en Olavarría. Nos separaban 515 km de distancia sin ningún colectivo directo. Cada 15 días viajábamos para vernos, una vez yo, otra vez él. Las horas se hacían eternas y, a medida que pasaba el tiempo, nuestras responsabilidades se interponían ante los viajes. Así que, una noche mientras estábamos en el auto decretamos que en menos de dos años nos casaríamos.

De esta forma, poco a poco empezó el proceso de emigrar. Emigré solo 515 kilómetros que, igualmente, se sintieron como un continente nuevo. En este proceso migratorio aprendí algunas cosas que nadie las dice, pero pueden ayudar:

1 El lugar en donde estamos la mayoría del tiempo tiene que tener cosas que, cuando las miremos, nos hagan sonreír. Algo viejo, algo nuevo, algo usado, algo de color.

2 No *googlear* síntomas de enfermedades porque lo más probable es que nuestro cuerpo necesite de buena energía y Google, en general, da diagnósticos trágicos.

3 Mantenerse ocupado. Sí, el concepto de "un clavo saca otro clavo" acá sí se puede poner en práctica. Yo arranqué a hacer un curso de costura; todo mejoró desde ahí. En ese curso conocí a P., que daba *workshops* de cocina y deco; en el *workshop* de cocina conocí a E. y ella supo identificar mi perfil de manera intuitiva; E. fue también la que me dijo, en pleno mayo, que me podía anotar en la facultad en julio y no perder el año. En la facultad mi autoestima empezó a subir porque el ser una desconocida hacía que tuviera más coraje para expresarme. En la facultad también conocí a Shadia que se convirtió en mi amiga individual, o sea una amiga propia y que no venía a través de conocidos de Die. Todo esto sucedió por salir de mi refugio y empezar a hacer cosas nuevas e incómodas.

4 Los amigos "prestados" existen. Cuando llegás a un nuevo lugar y ya sabes que vas a vivir ahí, sabes que vas a tener que conocer gente y caerles bien porque, la cruel verdad es que, todos tus amigos ahora están lejos. Tu familia va a venir a verte y visitarte, pero no con la regularidad de antes. Convivís con esa realidad y sonreís de manera forzosa (y se nota, creeme) para que charlen con vos. Como existe gente buena, afortunadamente empiezan a invitarte amigos de tus familiares o de tu entorno, amigos de tu pareja. Vas y llevás postre, bebida, buena onda, velitas para sus casas, cualquier chirimbolo que les dé la idea de que te salvaron el viernes, porque tampoco conocés algún lugar que te cope para salir un viernes por la noche.

Esa gente tiene un lugar valiosísimo en nuestros corazones. Nos hace el tiempo más llevadero, hace que todo este proceso migratorio y nublado se transite con una tenue luz de esperanza. Aunque no dejan de ser prestados. Repitiendo ese término conseguí muchas risas. Cuando lo decía me preguntaban "¿cómo prestados?" Y sí, porque no es la gente que vos llamás llorando para contarle que extrañás o que estás teniendo crisis existenciales del tipo "no me siento yo". Tampoco es la gente a la que vas a su cocina y le abrís la heladera ni a la que le llegás de imprevisto. En general, la regla para cuando los amigos prestados te invitan, es evitar temas religiosos, políticos o de índole dudosa para no generar rispideces.

Esta es mi historia de migración. Tal vez sea parecida a la tuya, tal vez al leer este libro sientas un poco menos la soledad por atravesar un cambio grande. No importa la cantidad de kilómetros que emigramos, todo lo que sentimos es válido, porque el cambio siempre es de adentro hacia afuera.

Te contaré cómo fue el antes, el durante y un poco de cómo se fueron acomodando todas las piezas de este proceso migratorio de 515 km.

Este, no es un libro cronológico donde solo te cuento mi punto de vista, es un ir y volver, entrelazar historias, el pasado y el proceso de emigración. Mi historia es única, pero también es universal: todos necesitamos a alguien que nos dé un consejo, alguien que nos motive a salir adelante y vea lo que somos capaces de lograr, alguien que nos guíe. Necesitamos reencontrarnos con nuestra esencia y para eso, intentar cosas nuevas y sentirnos incómodos. Durante este proceso escribí mucho, me refugié en la música y en la cocina, aprendí a hacer amigos, escuché las historias de otros.

Espero que todo este material que aprendí, recopilé e integré pueda servirte para entender que, aunque vivimos cosas totalmente diferentes, en el fondo somos humanos y las historias de los otros están para salvarnos y sostenernos, sea en un proceso migratorio como el mío o para cualquier momento en el que te encuentres en tu vida.

inicios |

Para elegir el lugar de nuestra residencia definitiva estábamos dispuestos a dejar nuestras ciudades de origen, pero dependíamos de un trabajo formal. Fue así como un llamado de un lunes a las 3 de la tarde lo cambió todo. Estaban buscando a alguien con el perfil de Die para una fábrica en Olavarría, una semana después le confirmaron el puesto y lo tomamos como una señal sobre el lugar donde debíamos vivir. Podría haber sido cualquier otra ciudad, de hecho Die había hecho entrevistas en Capital Federal, pero no se habían dado finalmente. Este era el escenario:

Lugar para vivir: **OLAVARRÍA**.

Expectativas: **cero**.

Miedos: **muchos**.

Cambios: **más de los que hubiera querido**.

Pros: **estar con mi amor, tener estabilidad, construir nuestro hogar, una ciudad amorosa**.

Contras: **perderse momentos importantes de la vida de la familia y amigos, no tener tu heladería preferida cerca, no conocer los nombres de las calles. Sensación de vacío e incertidumbre por un largo tiempo**.

Unos meses antes de casarme empecé a seguir a distintas cuentas de Instagram de Olavarría. Tenía la romántica idea de hacer parte a emprendedores olavarrienses en mi futuro casamiento. Un poco por la tradición de "algo viejo, algo azul, algo nuevo, algo usado", pero al estilo "un poco de acá, un poco de Rosario, un poco moderno, un poco rústico". En esas búsquedas que duraban horas, me encontré con la cuenta *M. Rou.* y vi que daban un curso de decoración de mesas. Más adelante, en otra publicación también anunciaban sobre un mercadito de Navidad… Todo ese mundo me inspiraba y, aunque me ubicaba muy poco en Olavarría, sabía que esas calles estaban lejos de la casa de Die por lo que ese mini mundo que me inspiraba y motivaba en la nueva ciudad quedó en el olvido muy pronto. O eso creí entonces, porque pronto se volvería más importante de lo que podía imaginar.

Casita

Después de dos años de trabajar en el *callcenter* y planificar mi salida, las cosas se dieron distintas a cómo lo había imaginado.
Tenía una nueva supervisora mucho más estricta. Ya debía muchas horas; es que, si te tomabas un día, no te lo descontaban de tu sueldo, si no que la regla era devolver hasta el último minuto que te hubieses ausentado.

Ya estaba cansada de mi trabajo, aunque justo en ese último mes que me quedaba había logrado más ventas que nunca. Quería dejar de ir a estar 6 horas dentro de un box de madera color negro, quería vivir esos últimos días en Rosario sin depender de un horario ni de las exigencias de tener que vender. No quería viajar más los viernes por la tarde para llegar el sábado a la madrugada a Olavarría, tratando de aprovechar cada segundo con Die, para luego volver el domingo a la noche, tomar dos colectivos, ver el amanecer del lunes desde un asiento en la terminal de Rosario y así empezar de nuevo mi semana.

Por esos motivos y muchos más también, fue que decidí que no iba a esperar hasta enero para renunciar como lo había planeado y, para finales de noviembre, dejaría de trabajar.
Así que ya tenía pensado irme aquel viernes y poder estar otro sábado más en Olavarría, independientemente de lo que me dijera la nueva supervisora.

El fin de semana anterior había ido a las 10 de la mañana a ver el primer departamento. Mi suegra había comprado el diario del miércoles, donde

Una casa es una máquina para vivir.
Una casa debe ser el estuche de la vida,
la máquina de felicidad.

Le corbusier

se publicaban los alquileres disponibles. Me marcó algunos con marcador amarillo y me explicó las razones: "cerca de casa", "en un barrio lindo" y "a un precio accesible".

Llamamos. Hablaba ella en realidad, mientras yo escuchaba sentada. Aceptaron mostrarnos uno. Quedaba a 7 cuadras, así que nos arreglamos y salimos.

Yo tenía una idea muy clara de lo que quería. Nunca había vivido sola, pero unas amigas sí. Mi amiga Lu, por ejemplo, tenía en su departamento unas ventanas enormes por donde entraba la luz natural casi en cualquier momento del día, una habitación con piso de madera y colores claros. También, algo que descubrí de mi amiga A., con su departamento de estudiante, es que, si el departamento tiene ventanas de cada lado, corre el aire; a eso se le llama ventilación cruzada.

Además, tenía que tener un buen espacio para la heladera, porque teníamos una enorme. Un capricho cumplido de un sueño de la infancia. Cuando tenía 8 años me encantaba recorrer en los supermercados la zona de electrodomésticos y soñar con una heladera con dispenser. Sí, mi fantasía era llegar a casa, elegir un vaso, ponerlo bajo el dispenser y disfrutar de eso. Ahora tenía ese robot todo para mí y precisaba espacio para llevarlo conmigo.

El chico de la inmobiliaria justo llegaba para poner el cartel de "Se alquila", pero en el momento en el que entré, me enamoré: un baño desproporcionado en tamaño con respecto al resto del departamento, una bañera, piso de madera, ventanas de ambos lados, luz. Todas mis expectativas e ilusiones cumplidas en un espacio de 45 metros cuadrados.

Tenía miedo de que fuera todo tan perfecto… ¿¡Era una loca por aceptar el primer departamento que veía!? Me imaginaba la voz de mi papá diciéndome:

"Monsi hay que ver varias alternativas, buscar la mejor opción. Nunca hay que quedarse con lo primero que vemos."

Quería esa casa, estaba segura. Mi suegra me miró con complicidad y me dijo que para ella también era hermoso, así que si yo quería que lo reservara. ¡Y dije que sí!
Le mandé un mensaje a Die, ¡ya teníamos casita!

A la semana siguiente renuncié al trabajo. Armé la valija con toda mi ropa, mis cuadernos y mis libros. Una semana después llevamos un colchón al departamento y me quedé ahí. Oficialmente, ya vivía en otra ciudad. Se sintió como empezar de cero, pero como soy luna en géminis, los nuevos comienzos me llenan de emoción. Eso sí fue como lo había planeado, así que, mi lado escorpio, que quiere mantener todo bajo control, se sentía tranquilo. Todo marchaba bien. Dicen que "hogar es donde cesan todos tus intentos de escape" y también "donde las cosas son exactamente como vos las querés". Creo que, si tuviera que resumir ese cambalache de sentimientos en aquel primer momento, sería con esas dos frases.

No conocía mucho Olavarría, pero ese sábado me levanté y tenía que desayunar. Compré en un kiosco una Cindor y unas Oreo, que comí sobre la mesada porque todavía no teníamos mesa ni sillas. La heladera ya estaba enchufada y algo de mi ropa ubicada en los cajones del placard. El resto de las cosas llegarían más cerca de la fecha del casamiento.

Para año nuevo volvería a Rosario con Die, pero yo me iba a quedar unos días. Volvería a la casa de mi papá, que ya no era mi casa. Aunque todavía estaba mi cama, algo de ropa, un pizarrón con la leyenda *"New York is always a good idea"* y una taza que se había transformado en lapicero; ese lugar ya no era mi hogar.

Mudanza definitiva

Habían pasado las fiestas y un campamento al que había asistido en enero. Ya se habían terminado mis mini vacaciones y era hora de volver a Olavarría. Digo volver porque Die, mi casa y todos los preparativos del casamiento me estaban esperando.

Ese día, que tomé casi el último colectivo en la terminal, que me bajé en Venado Tuerto, que esperé en el bar más apagado de toda la región y que llegué a la madrugada a Olavarría, Die me estaba esperando. Todo se parecía a los últimos –casi– dos años que habían pasado en mi vida. Todo eso que, una y otra vez, se había repetido durante dos fines de semana al mes, casi estaba por terminarse. Por un lado, era fácil decirle adiós a esa rutina agotadora, pero por algún motivo también sentía nostalgia. Todo eso estaba a punto de quedar atrás para siempre.

Alonso

Llegué a la terminal de Olavarría a la madrugada, como todas las veces anteriores. Recorrimos en auto las pocas calles que separaban la terminal de la casa de Die. Antes de bajar del auto Die se puso serio, estaba a punto de decir algo importante. Yo no me imaginaba qué podía ser, pues todo venía marchando bien; no habíamos tenido inconvenientes con la planificación del casamiento, las cosas ya estaban en su curso, los ahorros iban a alcanzar... Su gesto empezaba a inquietarme cuando de repente soltó unas pocas palabras: "Tu mamá llamó anoche, no te quiso decir nada para que no te pusieras mal en la terminal... Alonso murió."

Suspiré aliviada. A las 6 de la mañana y a una semana de casarme, la muerte de nuestro querido perro Alonso era una noticia triste, pero, dentro de todo, tolerable.

El duelo no se olvida,
se integra a la vida.
Es el amor después del amor.

Laura Ferre

Alonso era mitad Golden Retriever, mitad callejero. La historia que nos contaron vino de la directora de una protectora de Funes, una ciudad próxima a Rosario. Según ella, Alonso, quien se llamaba Joaquín en su otra vida, había sido hijo de una Golden Retriever pedigree de competencia o para cría. No se sabe bien cómo, pero la perra quedó embarazada de un perro callejero y uno de esos cachorros era Alonso. No sé si habrá sido mito o verdad, supuestamente lo habían dejado atado en un lugar y lo abandonaron hasta que la protectora lo encontró. También nos habían contado que llevaba un collar que le impedía ladrar... Todo parecía encajar, pero nunca pudimos comprobar la veracidad de estas historias y así conocer el pasado de Alonso.

La primera vez que lo vi fue cuando entramos a la casa de Jorge, el amigo de papá que había ido a retirar un perro cachorro. Sin embargo, ya tenía más de un año de edad. Con su pelaje color miel, lacio, de cuerpo alargado, no tan robusto como los Golden; tenía el hocico como un lobo; desde el primer momento supimos que era bueno. Papá propuso el nombre de Alonso, por un antepasado, todos accedimos, aunque cada vez que lo llamábamos por su nombre la gente se quedara mirando raro.

De alguna manera, creo que Alonso me esperó. Sé que para todos fue doloroso, pero para mí, su vida tuvo otra connotación. Alonso era el único que quedaba de una vida anterior. Era como una curita de amor, siempre estaba para nosotros en los momentos difíciles.

Por mucho tiempo quise mantenerlo con nosotros. A veces, solo queremos poseer algo porque nos brinda un estado de seguridad, de certeza. Sentimos mucho cariño por él, fue nuestro único perro oficialmente. Es decir, habíamos tenido otros perros, como Sasha que era la perra de unos amigos de mis papás que nos la dejaron al emigrar en 2001 a Estados Unidos; también le poníamos nombres a los perros que alimentábamos en la puerta de la casa de calle Chacabuco: Centella, Rayo y Relámpago. Pero ninguno había sido tan nuestro y tan parte de la vida como Alonso.

Por muchos años intenté retenerlo, aunque su salud no mejorara. Evité, con convencimientos muy razonables, que lo dieran en adopción cuando su salud sufrió la mudanza del patio de nuestra casa al departamento del centro. Yo quería que se adaptara, porque confiaba que él sabía que era importante para nosotros y siempre creí ver en su mirada ese deseo de hacernos felices.

Con el tiempo, mucho después de esa madrugada, entendí que Alonso era parte de un proceso de duelo. Alonso era un perro que habíamos adoptado como nuestro compañero, como nuestra familia, lo amábamos y nos encantaba su presencia. Recordar su buen carácter es la manera indicada y honorosa de hacerlo, le gustaba estar en el patio echado y sentíamos que se había adaptado a nuestro estilo de vida, a nuestro ritmo tranquilo.

Años después, sigo duelando a Alonso. Soy consciente de que tuvo una buena vida junto a nosotros, pero lo que duelo en sí es aquella vida que él representa: esas tardes, esa casa, esos tiempos. Siento que Alonso es como una cápsula del tiempo y que en él quedaron guardados esos recuerdos de una vida rosarina y, quizás es por eso, que quería tenerlo siempre conmigo.

Creo que es importante permitirnos duelar, darnos lugar, porque hay situaciones que lo merecen y nosotros también. Hacer un duelo limpia un espacio y lo deja libre para lo que necesitamos en ese momento presente.

Alonso cuando se fue, dejó un hueco. Ese hueco es parte de lo que soy y de lo que fui pero, más que nada, es parte de lo que tengo para ofrecer al mundo. A veces, como dice un cuento infantil que me encanta, "paso por ese hueco, pero lo lleno de cosas lindas, de recuerdos y lo vuelvo a guardar. Otras veces, el hueco es una carga entonces me siento a descansar en él, y espero a que se me pase."

A veces no duelamos porque creemos que cuando se sana eso que duele, se va para siempre, lo olvidamos. Creo que no duelamos porque no queremos dejar ir, pero tampoco queremos volver a esas épocas. A veces, aferrarnos no tiene que ver con felicidad, sino con la seguridad que nos da aquello que se fue, o simplemente con los buenos recuerdos. Sin embargo, creo que los duelos nos obligan a salir de la zona de confort emocional, nos corren del hacer de cuenta que "acá no pasa nada", porque al fin y al cabo eso no era "tan importante". Pero sí pasa y, si es importante para nosotros, merece su momento de duelo, sea lo que sea que se haya ido de nuestras vidas. El confort no significa seguridad, significa costumbre, y es la costumbre a no mostrarnos vulnerables, es la costumbre a menospreciar las cosas que son importantes para nosotros; quizás porque creemos que para el mundo tal vez no lo sean y entonces decidimos callarnos, taparlo, por miedo a que nos pueda dejar en ridículo frente a los demás. Es como cuando no queremos tirar esa media con agujeros, aunque sabemos que no vamos a poder usarla y que ocupa lugar en el cajón, le tenemos aprecio, quizás porque fuimos a algún lugar especial con ella o nos recuerda a alguna persona querida. Entonces elegimos dejarla, guardarla, por las dudas. No porque nos pueda faltar una media, sino por no borrar los momentos que ese par de medias nos trae. Con ellas en nuestro cajón, al menos, tenemos un truquito, un amuleto de magia para trasladarnos a aquellos días felices.

Pero, un poco para resumir, lo que quiero decir es que, lo más importante de mi perro Alonso, los duelos y los huecos, es que están ahí y no se van, sino que se transforman. Alonso, viniste a enseñarme todo esto, ¡gracias! Ya estoy lista para dejarte ir.

Ejercicio de escritura:

1 Hacé una lista de todas las cosas que merecen su momento triste, su momento de despedida; como pueden ser amistades que se terminaron, trabajos que no se dieron, un amor que no prosperó, algún proyecto que nunca vio la luz.

Duelar no es solamente sinónimo de fallecimiento, sino también de expectativas no cumplidas, ilusiones y esperanzas puestas en cosas que no se dieron o que se han ido de tu vida. Es fundamental que te des espacio a despedirlas.

2 Escribí sobre esas cosas que deseaste alguna vez, pero que no fueron y quizás nunca sucederán, y aun así dejaron un hueco en tu corazón. ¿Qué te hacen sentir?

3 Hacé tu propio funeral o ritual de despedida. Podés quemar la lista y tirar los restos o cenizas en algún lugar especial para vos; o hacer un huequito en la tierra y enterrar esas cosas que ya no volverán.

Hoy, estoy más liviana. Cuando se cierra un ciclo se abre el camino a infinitas posibilidades. Eso que queda atrás, nos suelta y nos da permiso para seguir adelante. Gracias Alonso por tu partida, gracias ciudad nueva por tu bienvenida.

Establecer un refugio

Cuando llegué a Olavarría, sentía que estaba entre océanos, no podía elegir entre mi corazón o mi mente. De hecho, no tenía ni idea qué iba a hacer ahí, sentía que esta ciudad era tan distinta a Rosario, estaba totalmente perdida. Un día, fui a la universidad a inscribirme para la carrera de Diseño de indumentaria, que al final no dictarían por falta de inscriptos, entonces me anoté en un curso de costura básica, pero quedaba demasiado lejos de mi nueva casa e ¡incluso había ovejas en las calles de ese barrio! A pesar de estar a 500km de mi ciudad natal, todo me resultaba nuevo, distante y exótico.

Igualmente, decidí ir, intuía que necesitaba ampliar mi círculo y empezar a construir mi nueva vida en Olavarría. Mi suegra me llevó una tarde a inscribirme y, aunque el curso ya había iniciado, me dejaron empezar igual. De aquella primera clase recuerdo muy poco, pero, sin dudas podría describir de pies a cabeza cómo me sentí ese día: me recorría un frío de incomodidad por el cuerpo, sentía miedo a no encajar, a tener que explicar de dónde era y porqué me había mudado a esta ciudad. Me incomodaban las preguntas; llevaba conmigo esa sensación de pesadez de tener que empezar de nuevo, de cero sin siquiera saber si todos esos esfuerzos emocionales que estaba haciendo por sobrevivir fuera de mi zona de confort iban a llevarme a los resultados deseados. Sentía que daba pasos en ciego. Esa misma tarde me indicaron que vaya a sacar fotocopias a lugares que no sabía dónde quedaban, es que, en las ciudades medianas, se acostumbra a usar referencias de lugares como negocios o edificios emblemáticos y no por el nombre de las calles.

De a poco fui integrándome al grupo, conociendo a cada una de las chicas del curso, riendo de los nuevos chistes y mostrándome curiosa por los temas de conversación olavarrienses.

El taller se dictaba dos días a la semana y en cada clase nos tomaban asistencia; en una de esas tardes de siesta escuché que nombraban a P. y su nombre me sonaba, así que la busqué en Instagram. Sí, era ella; me acerqué como si se tratara de una famosa y le pregunté si era ella quien estaba detrás de la marca M. Rou. Confirmadísimo, enseguida empecé a borbotear palabras sobre cuánto me gustaban sus cursos y mis ganas de estar en alguno.

En menos de un mes ya me había anotado en uno de sus talleres, era sobre *brunch*. Después de meses de llegada a Olavarría, encontré un espacio en el que pude hablar sobre mí, sobre mis sueños, sobre mis proyectos. Si bien hablábamos de estos temas con Die en casa, nunca había podido darme a conocer de esa manera con extraños en la nueva ciudad.

El ambiente era tan cálido y amoroso que se prestaba para los más motivadores consejos y recomendaciones. P., la anfitriona, nos hacía sentir que todo lo que cocinábamos estaba rico y quedaba estético, a su manera. Lo que ahora se llamaría *aesthetic*. Además, el lugar y el contexto eran soñados, era una casa con unos toques vintage nostálgicos, la cocina tenía los pisos combinados de blanco y negro, en el centro una mesa enorme; había un perchero precioso de hierro con infinitos delantales de cocina llenos de volados, estampas de flores y dibujos de cisnes; banderines de tela; un mueble industrial; el aparador de abuela y libros de cocina. Toda la casita estaba llena de rincones y, en uno de esos, una mesita con cuatro sillas, unas tacitas de una vajilla antigua con platitos de loza perfectamente cuidados, scones de pasas y cookies servidas en ellos. ¡¡Un sueño!!

Al otro extremo de la mesa estaba E., profesora de francés en la facultad y en la Alianza francesa, con quien habíamos entablado algunas conversaciones como aquella sobre su sueño de volver a viajar a Francia que me había llegado a lo profundo del corazón. De un momento a otro, cuando ya estaba atardeciendo me dijo sin titubear: "¿no probaste con Comunicación Social?".

Lo cierto es que esa frase me quedó dando vueltas en la mente, esa idea no se quedaba quieta. Ahora, un tiempo después, sé que nunca no nos vamos con niveles de energía diferentes de un lugar. En un encuentro, o ambas personas aumentamos nuestra energía o ambas bajamos. Ese día sentí que toda yo irradiaba una energía brillante y aires de cambiar;

que la comida fue un puente, que nos conectó con lo mejor que teníamos para dar de nosotras: ella su sabiduría y yo mis ansias de escuchar un consejo, un aliento sincero. Esa tarde de mayo el pan de aceitunas fue la huella; desde entonces nunca dejé de hacerlo y es mi receta de caballito de batalla. Tal vez porque cada vez que la hago irradio la misma luz de aquella tarde, o porque creo que la comida casera y hecha con amor me hace ver las cosas con más claridad. Sea como sea, cuando culminó el año unos cuantos meses después, escribí en mi lista del 2018: *"Una panza llena es un corazón que te saluda"*. La comida es mi puente.

Cuando llegué al departamento estaba tan feliz que Die se sorprendió. Esa noche, recostados, mirando el techo, él me dijo que hacía tiempo que no me veía tan contenta, a lo que respondí que me sentía llena y no exactamente de comida. Luego, junté un poco de coraje para soltarle a él y al universo: "voy a estudiar comunicación social". Las cosas iban a empezar a cambiar de rumbo. En ese año de montañas rusas emocionales, entre una ciudad y la otra, aprendí que la comida y los cursos de P. iban a transformarse en mis anclas en Olavarría, esos espacios serían mis anclas para establecer un refugio.

pan de aceitunas

Ingredientes:
250 ml de agua
20 gr de levadura seca
50 ml de aceite de oliva
1 cucharada de miel
500 gr de harina 0000
1 paquete de aceitunas descarozadas

Instrucciones:

1 Mezclar el agua con el aceite, la levadura y la miel.

2 Agregar la harina de a poco hasta que la masa no se pegue. Dejar leudar hasta que duplique su tamaño (media hora aproximadamente).

3 Amasar y armar una base cuadrada con la masa.

4 Poner las aceitunas por encima y cerrar el pan como si fuera un paquetito.

5 Aceitar una fuente de horno, poner el pan con el pliegue del cierre hacia abajo y cocinar hasta que la corteza esté dorada.

el lado triste |

Zapala

El verano se había terminado mucho antes de lo normal, es que el invierno en Olavarría llega más temprano que en otros lugares. El frío es húmedo, aunque no tanto como en Rosario, pero las temperaturas bajas se vuelven heladas y por la mañana el pasto está blanco como en una ciudad sureña.

Los días se pasaban lentos y todavía estaba dentro mío ese océano que me hacía sentir perdida. No tenía trabajo, no tenía una carrera, solo tenía mi curso de costura.

A fines de abril Die tuvo su primer viaje de trabajo. La fábrica cuenta con diferentes sedes y, una de esas, era en Zapala. La empresa de cemento tiene como estrategia asentarse en lugares alejados, pues la fábrica debe estar cerca de donde se puede extraer la piedra. Dado que no puede haber un agujero de miles de metros de profundidad al lado de un cine, es que todas las oficinas se encuentran en lugares que solo son conocidos por los lugareños. No quería acompañarlo, así que, no me quedó más remedio que quedarme en el departamento de 22 metros cuadrados durante una semana sin un plan entre manos.

Mi suegra me invitó algunas tardes a su casa y sabía que tener un compromiso, por más pequeño que sea, acelera las horas del día y eso era lo que necesitaba durante esa semana sin Die. Mi suegra es la clase de persona que saca temas de adentro de una galera y nunca deja un silencio incómodo, le gusta conversar; no tiene una personalidad intensa ni verborrágica, no sentís la necesidad de irte en el momento en que llegas. Ella dice que no cocina rico, pero siempre tiene algo para recibirte. De hecho, aunque no avises, ella siempre saca algo de su cocina. También le gusta su tiempo sola y no vivir de anfitriona, por eso fui solo los días lunes y martes, porque todos tenemos una vida. Aunque creía que yo no, pero en algún lugar, que aún no sabía, estaba la mía tratando de encontrarme.

El miércoles por la tardecita después de tomar un té, me bañé. Salí de la ducha y me peiné el pelo perfectamente, agarré dos banditas elásticas y até una bien pegada a la cervical, esa iba a mantener el curso. La segunda, un poco más abajo y marcando el largo; tomé una tijera y me corté el pelo. Corté y seguí cortando. No tanto como para tomar completamente el riesgo, pero sí lo suficiente para avisarle a mi yo del pasado que ya no íbamos a caminar igual, Olavarría se merecía mi 100%. Volver a Rosario ya no era una opción, así que corté el puente de un tijeretazo. Creas o no, las cosas mejoraron mucho a partir de esa tarde de peluquería.

El viernes salí sola a caminar por el centro. Entré a un local de ropa, elegí un sweater, me lo probé y lo compré. En el camino de vuelta a casa me crucé a V., una conocida, pero no me reconoció con el pelo tan corto. Hoy en día me digo a mí misma que el corte era lo menos visible, todo en mi semblante era diferente.

Esa noche dormí sola, todavía un poco perdida, pero segura.

Extrañar

Die interrumpió la conversación diciendo que viajar desde Rosario a Olavarría era carísimo y que con un sueldo promedio era una locura, a lo que le respondí que no pensara solo en lo económico, sino también en lo emocional.

Mi cuñada estaba por mudarse a Rosario y eso despertó en mí una catarata de reflexiones y consejos sobre lo difícil que es cambiar de ciudad. Yo había emigrado de una ciudad mediana-grande a una ciudad mediana-pequeña, y ella estaba a punto de hacer el mismo proceso a la inversa. Los días próximos a su partida escuchaba las conversaciones que se daban entre amigos y familia, y pensaba en las cosas que se extrañan cuando te mudas de un lugar a otro. Cosas que nada tienen que ver con los infinitos planes que propone una ciudad grande como los shoppings, el cine, los museos, parques, el arte, etcétera. Uno no extraña esas cosas, tampoco son esas las cosas que te dan ganas de llorar o deseos de volver. Mi duda existencial era si L. iba a encandilarse con la nueva ciudad o si iba a extrañar su antiguo hogar en Olavarría.

Cuando uno se va de un lugar a otro extraña las cosas pequeñas, esas que son casi insignificantes. Las cosas que más se extrañan son las que dábamos por sentado, las que ya estaban naturalizadas en nuestra rutina. Yo extrañaba las avenidas llenas de heladerías y bares, pero lo que más me generaba un vacío era no poder ir todos los sábados a comprar un helado de menta granizada de Yomo. Al principio, probar ese mismo gusto de heladerías locales me hacía sentir frustración e impotencia; con el tiempo lo transformé en un *hobbie*, en la búsqueda del mejor gusto de Olavarría.

A veces creemos que con dinero se solucionan las cosas que extrañamos, como si algo de más valor monetario pudiera ocupar ese lugar, pero ¿qué precio podría ponerle a una tarde cálida de primavera tomando mates frente al río Paraná? y ¿qué costo extra tendría si estuviera acompañada de mi mejor amiga?

Creemos, ingenuamente, que si nos mudamos a un lugar más turístico o más deslumbrante vamos a poder obviar el paso de extrañar.
Antes de mudarme, siempre hacía hincapié que era súper independiente y no conocía lo que era extrañar, sin embargo, en mi nueva ciudad lo sufrí y mucho.

Mi vida antes de Olavarría era algo así: me levantaba, comía en casa o compraba algo en la panadería a la vuelta de mi trabajo. Almorzaba mientras hacía las ventas del *call*. Las mejores empanadas caprese las degusté en ese *box* indignante. Entraba a las 15 y salía a las 20:30. Caminaba 3 cuadras hasta donde tomaba el colectivo 122. Tenía un viaje de 15 minutos. Bajaba en la esquina de casa y corría 20 metros hasta la puerta. Entraba y cenábamos en familia. A veces, si no había nadie en casa, me gustaba quedarme encerrada en la pieza. Al otro día la rutina se repetía. Por supuesto, compartíamos tiempo en casa, pero nuestros horarios no siempre coincidían.

Desde que era adolescente, me había manejado según mi criterio y con total independencia. Vivía con mi papá y, si lo mantenía al tanto de dónde estaba, con eso bastaba; me gustaba que así fuera. Trabajaba de cosas que iban surgiendo y muy creativas en ocasiones. Cuando surgía algún problema trataba de resolverlo sola y me hacía sentir especial el poder encontrar soluciones maduras y adultas.

A veces, tomaba decisiones inmaduras y de las que me arrepentía, pero solo podía aprender de mis errores, escribir en mi diario y seguir. Mis papás venían a rescatarme cuando la situación me desbordaba y tenía que pedir su ayuda. La libertad también es tener albedrío para pedir ayuda.

Cuando me fui lejos creí, ilusa, que iba a ser fácil dado mis andares cotidianos. Mas, no fue así. Casi tan rápido como pisé el departamento me di cuenta de que no sabía nada de la vida. Una tarde, agarré el celular y le mandé a mi mamá "¿se puede hacer pizza en una olla? ¿y milanesas en una olla?" No tenía sartén. Mi papá me había dejado un Raid etiqueta negra para emergencias, pero la primera noche que dormí sola apareció una araña.

En poco tiempo me di cuenta de que, para mí, la vida eran todas emergencias y mis papás eran todo lo necesario que decían los libros. Cuando tenía tiempo libre suspiraba por volver a ver *Harry Potter* con mis hermanos y escucharlos decir los diálogos a la par de la película. Todas esas cosas que son, en teoría, poca cosa, pero a la vez maravillosas son las que extrañaba de mi vida rosarina. Linda Barry, una caricaturista, dijo una vez:

"¿Qué es? lo ordinario es extraordinario. Lo ordinario es lo que queremos recuperar cuando alguien que amamos muere. Cuando alguien muere, se va o se enamora de nosotros. Lo llamamos pequeñas cosas. Decimos que son las pequeñas cosas que más extraño. Las cosas ordinarias. Es la pequeña cosa que nos los trae inesperadamente. Decimos recuérdenos, pero es más que recordar que es una conflagración, es una inundación, tanto el fuego como

la inundación son memoria. Es una chispa y una ruptura tan común que no lo cuestionamos. El átomo se dividió. La pequeña cosa.

Mi lista de cosas extrañables de mi vida en Rosario:

- Armar planes espontáneos un sábado con amigas.
- Mirar Harry Potter cualquier noche con mis hermanos.
- Entrar a locales de ropa a mirar sin compromiso, total nadie me conocía.

Ejercicio para reflexionar:

1 ¿Cuáles son las cosas que hoy das por sentado en tu vida, pero que, sin lugar a dudas si no tuvieras, las extrañarías?

2 Si tuvieras que elegir 3 cosas para llevarte a un nuevo lugar, ¿qué elegirías? Pueden ser objetos, momentos, espacios geográficos. Lo que quieras.

Yo definitivamente me hubiera traído un pedacito de la isla enfrente al río Paraná en mi valija.

Asma Khan

En un momento específico de este proceso migratorio supe que mis emociones iban a estar en juego en todos los aspectos posibles. En esa época escribí en mi cuaderno que me había roto el alma intentando armar una rutina, consiguiendo un trabajo, posicionándome desde abajo en una carrera en la facultad donde nadie me conocía (y el nombre vale mucho en los lugares pequeños), buscando actividades de ocio que me hicieran sentir llena. Sentía que había dado demasiado de mí y que era injusto empezar de cero.

Aunque ya estaba instalada en Olavarría, volví a sentir que todo eso se desplomaba otra vez. Volví a sentir el vacío de cuando recién había llegado a la nueva ciudad. Estaban a flor de piel los sentimientos de aburrimiento que había vivido aquel verano de 2018 cuando me mudé definitivamente a Olavarría y empecé de cero.

Una vez más, no tenía nada para hacer. Todo estaba limpio y en orden en la casa, Netflix ya era aturdidor y mi cuerpo no soportaba más estar acostada sin hacer nada. A lo mejor otras personas al mudarse, por necesidad básica, necesitan buscar un trabajo y eso las mantiene en alerta, pero no era mi caso. Las horas se me hacían eternas y estaba incómoda en mi propia comodidad olavarriense.

Pasábamos el tiempo mirando San Netflix, íbamos por la sexta temporada de *Chef's table*: las historias de gente común que se refugiaba en la cocina, después de diferentes etapas de su vida; nos atrapaba cada noche. Una noche, frente al televisor supe que Asma Khan iba a ser parte de mi historia personal. Ella se había mudado a Londres después de casarse y lo que contaba me caló hondo en mi corazón:

"Estaba lista para vivir una vida hermosa. Así es como debe ser. Debes tener una vida genial y estás en un país extranjero, algo muy emocionante. Pero con el tiempo, comencé a sentir que "algo no estaba bien".

Mi esposo enseñaba todo el tiempo, y yo no tenía amigas. Había un gran vacío en mi interior. Lo sentía todo el tiempo. Hablaba con mis padres todas las semanas, tres minutos. Me pasaba casi todo el tiempo diciéndoles que estaba bien, y luego colgaba y tenía un nudo en la garganta por las cosas que no podía decir. Estaba muy sola. Había dejado mi casa y mi familia. Veía a mucha gente que me sonreía, pero no podía relacionarme con nada ni con nadie. Era una existencia extraña y aislada. Un día mientras iba en bicicleta, llegué un poco más lejos de donde normalmente iba, y pasé frente a una casa, olí que alguien hacía paratha. El aroma que obtienes cuando quemas la mantequilla, ese hermoso aroma era el aroma de mi hogar. Era toda mi infancia. Quería tener el valor de llamar a la puerta, pero en vez de eso, lloré. Me sentía muy desamparada y muy enfadada conmigo misma. No sabía hacer paratha, no sabía hacer nada. Supe que debía ir a casa.

Cuando regresé a India tuve que decirle a mi madre que estaba muriendo. Era profundamente infeliz. Estaba a la deriva. Mi madre dijo: «Lloras porque tienes hambre. Hambre de comida que sepa como la de casa —dijo —Te enseñaré a cocinar.»

Empecé a escribir esta historia, este libro, cuando entendí que no era la única a la que los caminos de mudarse la hacían sentir como un zamba al cual me había subido sola. A veces, me sentía sola, sin tener a alguien con quién sostenerme en tremendo movimiento. Pero ese día, mirando *Chef's table* me di cuenta de que los asientos del zamba iban llenos y todos nos mirábamos de la misma forma. Escuché a Asma hablar con tanta claridad en el plano emocional, que lloré. Lloré conmigo, lloré con ella, aunque ella nunca lo sepa. La tristeza, el enojo, la frustración, la compasión, la sonrisa, el amor, las carcajadas y las lágrimas. Todo eso entra en un mismo suceso: vivir lejos.

Esa noche, me di cuenta que tenía que traer Casa a Olavarría.

convertirse |

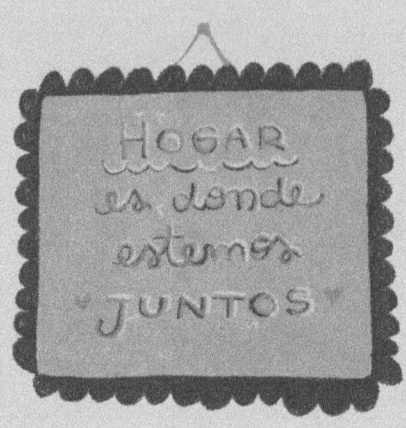

Los inmigrantes siempre son sangre nueva para una cultura. Crean buenos cambios. Traen innovación y ambición. Y creatividad. Traen ingenio.

Química de Pixar: la historia de elementos.

Nadie es profeta en su tierra. A lo mejor por eso todos buscan un lugar ajeno para convertirse en quienes realmente quieren ser. Yo por ejemplo tenía las peores reseñas en la cocina: desde los fideos sin terminar de hacer o demasiado "al dente", hasta las tortas fallidas con volcanes en el centro.

Me sentía un poco como Christina, otra de las historias de la serie *Chef´s table*. A diferencia de ella, yo jamás hubiera pensado que mi nicho podría ser la cocina. Christina Tosi, siempre quiso ser pastelera, pero no de tortas perfectas sino de recetas caseras. Su sueño siempre estuvo apuntado a Nueva York. Ahí podría ser eso que tanto esperaba de ella misma.
Estaba lejos de mi Rosario natal y ya no conocía muchas facetas de mí. Dicen que hay que perderse para poder encontrarse, y creo que hay un poco de verdad en esa frase. Yo me propuse conocer toda esa Monsi que quería salir a la luz y que no estaba dejando pasar.

Después de los cursos de P., creí en mí de nuevo. Sentí que podía ser alguien nuevo, alguien que yo quisiera tener de amiga; sentí que me volvía niña y una parte de tener 5 años es mostrar que podés hacer reír, decir hola a desconocidos y dejar que alguien te presente ante un grupo de otros niños. Quería ser alguien que viva una vida creativa plena. Ahora había descubierto que tenía dos maneras de crear arte: escribir y cocinar; esta vez no iba a dejar que se me pasara el tren.

Ahora también sabía que un pan de aceitunas tiene todo el potencial para comerse solo, pero igual que el jamón y el queso, o el helado y un brownie, tenía que encontrar algo con lo que se complementara. La cocina es más profunda que la matemática. Cuando cocinaba encontraba mi frustración casi al mismo nivel de cuando rendía mal una y otra vez matemática de segundo año, en marzo y en julio. Odié cada vez que tuve que tirar una torta porque se había quemado la mitad y odié aún más el horno descalibrado que me dejaba con un sabor amargo de quemado y otro sabor a líquido porque la cocina era, hasta ese momento, como una amiga que te abandona cuando más la necesitas. La cocina me resultaba un espíritu indomable, a veces sentía que rozaba la traición y la deslealtad era mi mayor intolerancia.

A mi favor, Olavarría es una ciudad industrial, por lo tanto, práctica. No es una ciudad de vidrieras ni de ropa extravagante. Si no es cómodo, no se usa. Con la comida no importa mucho el sabor *gourmet*. Por lo que, el paladar también es práctico; si llena, alcanza. No me malinterpretes, así también los vínculos son prácticos, funcionan o no funcionan. La gente no se hace dramas ni se toma las cosas personales. Pero, volviendo a la comida tampoco importa la estética, si el pan es rico, basta y sobra.
Podía ahogarme en un vaso de agua o podía ver lo bueno dentro de lo malo. Elegí el camino difícil. Iba a encontrar una receta que me iba a poner en el primer puesto de mi propio podio.

Vivir lejos también te da esa libertad. Nadie te juzga por tu pasado y en tanto no te conozcan, tampoco ponen expectativas sobre tu espalda. Ese mini tiempo en stop desde que llegas hasta que te volvés común, ese momento en nuestras vidas puede ser mágico para convertirnos en alguien que queremos ser.

Superhéroes

Convertirse en superhéroe implica una serie de pasos. Imagino que Superman y Batman tendrían su lista mental. No sé si alguna vez mencioné que amo las listas. Todo problema en la vida se puede resolver con una pequeña o extensa lista. Todo vale, cualquier papel, Word o nota del celular.

> Lista de pendientes = remedio para el estrés
> Lista de regalos = medicina para la ansiedad

Lista para todo. Lista de supermercado, de amigos, lista negra para los que no nos saludan en nuestro cumpleaños. Las listas siempre me sirven para no sentirme estancada. Existen también las listas de aprendizaje, para esas cosas que sabemos que las aprendimos en un momento exacto y no queremos que se nos escape ni la enseñanza ni el recuerdo. Incluso llevé una lista de las cosas buenas que la gente había hecho por mí, no hay que olvidar nunca los actos *random* de caridad.

Estoy segura de que en algún momento nos habilitarán las listas como método de terapia y los fabricantes de cuadernos venderán bajo receta. Elijo creer esa realidad futura.

Convertirse es hacer algo para cambiar. Algunos superhéroes se pondrán un traje y una capa, aunque Edna moda de *Los Increíbles* no recomienda las capas, pero sí las máscaras. Otros, simplemente elegirán un antifaz. La cuestión es que vivir como un superhéroe implica ser diferente. No podemos quedarnos con nuestra voz de todos los días o vestir la misma ropa. Debemos transformarnos.

En este nuevo mundo que estaba habitando, convertirme en heroína era mi solución. Como dice Elizabeth Gilbert *"decorar el cuerpo de la forma más divertida"*, eso era exactamente lo que necesitaba para cambiarme a mí misma.

Y como me encantan las listas, hice una para convertirme en heroína.

PASOS PARA CONVERTIRME EN MI PROPIA HEROÍNA

Encontrar un estilo: vengo de una ciudad mediana, Rosario. Ni muy extravagante como para ir de cartera dorada al supermercado ni incolora como para vestir todos los días iguales. Empecé a darme cuenta de que mi forma de vestir podía decirles a los demás qué clase de persona soy. Vestir me transformó en alguien, ni mejor ni peor, pero con personalidad.
A veces lo suficientemente formal como para una clase de historia, donde no hacía falta una remera que dijera "tengo 23 años, es mi segundo intento universitario, estoy casada, trabajo en un estudio contable" y otras veces con un sutil detalle que dejaba recalculando a la gente en la fotocopiadora.

PASOS PARA CONVERTIRME EN MI PROPIA HEROÍNA

DOS

Decir lo que pienso.

Empecé de cero. Si algo me parecía injusto lo manifestaba. Si algo me parecía incorrecto no me creía ni más ni menos que nadie, pero lo decía. No tenía miedo de los prejuicios de los demás. Muchas veces las respuestas *knockout* se me ocurrían horas después, pero intentaba no acobardarme. Me mantenía firme. Creo que decir lo que pensamos es un accesorio que nunca falla ni pasa de moda.

TRES

Un corte de pelo.

En el tiempo que iba a la secundaria mi salón era de 13 personas. Tres varones y el resto mujeres. Gracias a eso, aunque no eran mis vínculos más fuertes, aprendí mucho de otras mujeres completamente distintas a mí. Cuando había alguna ruptura de noviazgo, lo sabíamos. Una se vestía diferente, otra se cambiaba la forma de las cejas. Esos cambios marcan una grieta y el comienzo de una nueva etapa. Son algo así como cortar de un hachazo el puente entre una montaña y otra, de esa forma no hay otro camino que seguir adelante. Volver hacia atrás ya no es una opción. Toda nueva etapa merece un cambio. Es parte de su esencia.

Los superhéroes o heroínas no existen sin su traje o su nueva identidad. Todos ellos tienen algo que los distingue y cada súper es especial porque es único. El secreto, entonces, está en encontrar eso que te hace increíble y que, seguramente, sería muy fácil de descubrir si naciéramos con algún superpoder claro; pero en la vida de los superhumanos hay que buscar nuestro poder, ese talento que nos queda bien, que nos calza perfecto.

Ejercicio para convertise en superhéroe o superheroína:

1. Hacé una lista de tus talentos o superpoderes. Acá también podés agregar algún superpoder que te gustaría tener o que podrías adquirir practicando o aprendiendo algo nuevo.

2. Escribí cuál sería tu accesorio o traje de tu nueva identidad. ¿Será una forma de vestir, un nuevo gesto en tu rostro, alguna palabra especial que uses?
Divertite y jugá por un ratito a ser diferente para empezar a sentirte así.

Extra:
Ejercicio terapéutico de gratitud:

1. Escribí en una lista todas las cosas amorosas, desinteresadas, valiosas que alguien haya hecho por vos, sin importar si son random o grandes actos de amor. Colocá, además, de quién provinieron esas cosas.

2. Escribí el contexto o la historia en dónde sucedieron.

3. Agradecé en voz alta a estas personas que te hicieron esos regalos.

Mantené tu lista cerca para recurrir a ella cuando necesitas recordar que un mal día no es necesariamente
una mala vida.

El arte de perderse (y encontrarse)

Me pongo muy mal cuando pierdo algo. Lo busco hasta encontrarlo y recorro en mi mente todos los lugares por donde estuve y donde puede estar aquello que perdí. Siento que no puedo seguir con otro asunto hasta que la búsqueda no se resuelva. Por el contrario, me siento en nubes de satisfacción y fe cuando encuentro algo perdido. Vuelvo a creer. Porque, aunque sea algo minúsculo, le pido a Dios que ese objeto vuelva a mí.

El sentimiento de pérdida puede llegar a vivirse como algo abstracto. Es una sensación confusa, pero muy profunda: ya sea perder a una pareja con quien eras feliz, perder un proyecto que amabas o cualquiera sea la situación, lo importante siempre es aceptar todos los sentimientos que nos habitan en ese momento de pérdida, expresarlos para que la herida pueda curarse y poder girar hacia el futuro con una mirada más positiva y llena de proyectos por realizar.

Yo estaba perdida en un territorio en el centro de la provincia de Buenos Aires, pero también extraviada mentalmente. Había perdido el rumbo en sentido figurado y literal, porque estaba desorientada cuando salía sola a caminar y por las dudas siempre llevaba mi celular con datos móviles para recurrir a Google maps. En ese momento todavía no sabía que podía configurarlo en modo caminata y las vueltas que Google me hacía dar para ir a algún lugar solo hacían que me mareara aún más. Me sentía fuera de mí, desorientada, no sabía qué rumbo tenía que seguir ni qué camino debía tomar. A veces también un poco desaparecida, porque no estaba ni acá ni allá, y me iba hacia adentro.

Desorientarse y desaparecer, nada más fuerte que eso. Pero las pérdidas de cualquier tipo pueden llevarnos a un hallazgo, si es que estamos dispuestos a hacer el trabajo de búsqueda.

¿Y qué pasa cuando asumimos que estamos perdidos? ¿Qué se hace entonces?

Yo ya sabía cómo era estar perdida, no era la primera vez que me pasaba. Desde que tengo memoria soy más bajita que el resto, así que siempre necesité subir a algún lado para ver mejor, tener otra perspectiva. También sabía que cuando estaba perdida por dentro, está bueno quedarse quieta y ordenar cada pieza hasta que vuelva todo a su lugar, como un rompecabezas terminado. Una vez cuando era chiquita fui con mi mamá a un recital de León Gieco y como era un mar de gente mi mamá me señaló un kiosco con una luz verde y me dijo que, si me perdía, fuera hasta ahí, donde me pudieran ver y me quedara allí sin moverme. Creo que ahora siendo grande podría seguir la misma indicación, ir a un lugar visible y quedarme quieta hasta que me encuentre a mí misma o alguien más lo haga.

La verdad de la historia es que siempre la gente se ha perdido, se sigue perdiendo y seguirá haciéndolo. Cuando las cosas se extinguen, aparecen nuevas, o bien aparecen las mismas, pero transformadas. Si aún no hemos podido encontrar la cura para dejar de perder a las personas que más amamos y podemos vivir con eso, podemos perdernos a nosotros mismos y sobrevivir hasta reencontrarnos.

*"Y si vueltas das con la cuestión,
de a dónde va lo que se extravió.
Sueñas al pensar o al evocar,
dónde hay que buscar lo que extrañas más.
Tal vez las cosas que tenían amor,
están adónde va lo que se extravió.
Pruebas de amor, el temor de ayer,
contigo viven hoy, aunque no se ven.
Todo sigue aquí, sus huellas te dejo,
no se fue por siempre solo ya cambió."*

Amo a Mary Poppins y, como buena fanática, también amo la versión nueva de Disney. Siempre que miro la escena donde la nueva Mary Poppins les dice que su mamá falleció, pero no la perdieron, escucho esta canción. Me conmueve porque me imagino que puede ser una realidad de todas las cosas que se pierden, incluso las de nuestro interior, que están acumuladas en algún depósito y se van apilando cual baulera a medida que se van de nuestra vida. "Ido o marchado, pero no olvidado", es una de las frases en la versión en inglés que me parece mucho más poética y real que la versión latina.

Creo que perderse y encontrarse tienen mucho en común, no olvidamos quiénes fuimos, de hecho, viven en nuestra memoria esas versiones que dejamos ir o que no tuvieron más remedio que marcharse porque no había más lugar en nosotros. Muchas veces extrañé esas versiones de mí que sentí perdidas, hasta que comprendí que no podrían convivir todas juntas en mí, porque se hubieran llevado muy mal. Al final, las nuevas Monsi eran más empáticas y compasivas con ella misma y con los demás.

Un poco perdido por Tan biónica y Juanes:

Estoy un poco perdido, encontrame
Estoy un poco perdido, y lo saben
Estoy un poco perdido, y me cabe.

Ejercicio musical para la contención emocional migratoria:

¡Armemos una playlist para acompañar los procesos migratorios!

A veces necesitamos música que acompañe determinados momentos. Es muy común decir que cuando estamos tristes escuchamos música bajón para potenciar ese sentimiento, como si eso nos ayudara a atravesarlo con más fuerza. Bueno, acá es un poco de lo mismo, si vamos a emigrar necesitamos un soundtrack que nos acompañe y nos haga sentir comprendidos y contenidos.

Elegí tus canciones de migración para escucharlas a modo de botiquín de primeros auxilios. Creá una lista que diga "Escuchar solo en caso de emergencia". Pedí recomendaciones, googleá canciones sobre viajar o sobre estar perdido. También podés escribirme y compartirme tus canciones y crear juntos esta lista migratoria!

Evita

Cuando abrí los ojos de mi mundo, caí. Había estado toda mi vida impregnada de historias, directas o indirectas, de personas que habían salido de su zona de confort.

A mis 19 años, mi hermano, amaneció con la idea de postularse para ser anfitrión de alguien de intercambio. Mi papá y S., su esposa, accedieron.

A los pocos días le mandaron algo muy extraño. Era una especie de catálogo de productos, pero de personas. La empresa de intercambios estudiantiles mandaba páginas y páginas con fotos, hobbies y detalles de la familia de cada estudiante. Así, decidías qué extranjero traer a tu casa como si fuera un nuevo mueble de decoración. Pero una sola cosa era real y sincera, la carta de presentación. No leí la de Evita, pero S. y mi papá sí. Ellos creyeron que era súper inspirador que ella fuera fanática de una serie de Disney Channel que se grababa en Buenos Aires.

Comenzaron entonces con las entrevistas, los trámites, también vino una chica de la empresa a ver nuestra casa. Hasta que un mediodía nos sentamos ansiosos en el sillón del living a esperar que llegara Evita.

La vida cambió de repente para todos en la casa. Ahora me tocaba compartir mi habitación con una chica belga de 16 años.

El primer día desayunamos mate cocido con galletitas de agua y dulce de leche. A mí me parecía algo no grato, pero ella lo consideró toda una experiencia culinaria. Me pareció hasta poético que me pidiera de regalo el sobrecito de papel que envuelve el saquito de yerba mate. Es que son esos momentos en los que todo está cambiando tan rápido que no las registramos sino recién cuando miramos hacia atrás, por eso coleccionamos hasta el sobre del mate cocido.

A veces veía que escribía páginas y páginas en su diario, pero nunca tuve la valentía de preguntarle qué contaba. Otras veces la vi llorar y me infundía un espíritu de justiciera, como si mi yo futuro me enseñara las lecciones de amabilidad que años después iba a necesitar.

Un sábado húmedo, como todas las primaveras en Rosario, me pidieron que acompañe a Evita a comprar una cartuchera. Ella me preguntó qué se usaba para alguien de su edad. Pensé dos segundos, dejé que lo fugaz de la madurez se apoderara de mi voz y le dije que podía elegir lo que ella quisiera, que era su momento. Estábamos nosotras dos y Die en un local del Palace Garden, un negocio de poquitos metros cuadrados, pero lleno de cosas bellas. Evita amaba los dibujos y colores; creo que sabía que no era lo que las chicas de su salón elegían. De hecho, ella misma me confesó que en Bélgica era una chica muy diferente al resto. Por dentro quería decirle que no perdiera su esencia, aunque el mundo se burlara, aunque eso le costara más tiempo de lo normal para hacer amigos. Siempre, aún hasta hoy en día, admiro su coraje para ser ella misma. Hay gente que va a la guerra contra los ejércitos del mundo, pero cuando la lucha es tuya y tu galardón es tan sencillo como poder ser vos mismo, la guerra es el mundo entero contra vos. Eso es coraje.

Esa tarde, Evita eligió la cartuchera con colores y dibujos que le gustaba, pudo sacarse la máscara y ser ella misma en todo su esplendor.

Doce meses, eso bastó para ver todo un proceso. *#livinittheeviway*, así lo llamó ella.

Estar del otro lado del mundo o a 500 km es lo mismo. Cualquier distancia sirve para crear nuestro propio universo, ser lo que queremos ser, devolverle a nuestra alma lo que siempre fue un derecho: la oportunidad para empezar de nuevo.

La distancia no es un antídoto para soltar todos nuestros hábitos. Mi experiencia con Evita me demostró que a veces nos aferramos a cosas que nos impiden aceptar oportunidades. Pero, mientras más ligeros caminemos, mejor podremos nadar al ritmo de la corriente.
Algo cierto es que Evita era lo opuesto a nuestra familia. Su mamá era

cocinera y jamás repetía una comida. Nosotros comíamos pizza más de dos veces a la semana. En casa no había horarios para dormir ni para levantarse, no había rutinas ni días exactos para comprar. Ella nos preguntaba cuándo íbamos a ir al supermercado, para poder comprar sus cosas, pero no sabíamos, todo era estimativo. Si íbamos un jueves, ella anotaba que los jueves íbamos al super, pero a la siguiente semana ya no era igual y eso la ponía nerviosa. Ahora que soy más adulta, lo entiendo. Jamás se quedaba dormida para ir a la escuela, aunque mi hermano sí. Entonces le golpeaba la puerta de su habitación y él no respondía. Todo era demasiado flexible para el modo de ver de Evita.

La única cosa permanente eran los días martes. Después del instituto venían mis amigos a cenar a casa. La cena se extendía en largas horas de mate y reflexiones. A veces eran tantas horas que la tradición los hacía volver a sus casas cuando fuese de día y las calles estuvieran más seguras. Evita se despertaba molesta por el ruido de gente a la madrugada, y no la culpo, para los que no son noctámbulos ese modo de vivir no es sano.

Todo era diferente a los ojos de Evita. Sin embargo, yo sentía que los momentos de juventud se me escapaban de las manos y los corría como cuando se te va el colectivo, que existe un mínimo de esperanza de llegar, pero sabiendo que no es causa de muerte el hecho de perderlo. Creía que la mejor forma de aprovechar al máximo mi juventud era gastando todo el dinero en cosas que después no podría comprar, comía todo lo que quería, compraba todas las agendas que podía, viajaba y definitivamente tenía un escritorio lleno de cosas inútilmente hermosas. En cambio, ella cuidaba el dinero. Lo resguardaba de ella misma, no lo gastaba en cosas efímeras. Compraba postales y solo la ropa que necesitaba por el inminente frío húmedo rosarino. En uno de los viajes que hice, casi tres años después de conocerla, aprendí una frase que me marcó para el pasado, presente y futuro. Estábamos pasando por el barrio judío ortodoxo en Nueva York y cuando el guía nos contaba sus tradiciones, todos nos quedábamos asombrados, casi nadie podía imaginar llevar una vida de esa manera. Entonces el guía nos miró y nos dijo: "Pero cuidado, para ellos, los raros somos nosotros."

Yo asentí y sigo asintiendo. Para Evita, los raros éramos nosotros. ¿Cómo podíamos hacer todo de una manera tan distinta a la que ella conocía? No sé cuál es la forma correcta. Creo que mientras nuestra estructura no hiera al otro ni a nosotros mismos, es aceptable. Sí sé que es muy difícil dejar ir aquello que nos hace sentir seguros y que nos da cierta estructura. A veces reflexiono sobre esto, sobre Evita, sobre mí, sobre nuestros países, sobre nuestras casas. Recuerdo que mi papá nos decía una frase famosa que "la experiencia es un peine que te regalan cuando ya estás pelado." Y sí, hubiera querido saber todas estas cosas aquel 2017 en que viví con Evita. Así podría haberle mostrado las maravillas de nuestro mundo y ella haberme contado las maravillas del suyo.

Años más tarde, para mi casamiento, me regalaron un recetario de comidas. Mi receta más preciada es la que me dejó Evita: las *gingerbread cookies*.

gingerbread cookies

Ingredientes:
250 gr de harina
150 gr de azúcar
1 cucharadita de bicarbonato de sodio
¼ cucharadita de sal
112 gr de manteca
Esencia de vainilla
Leche, cantidad necesaria

Instrucciones:

1. Precalentar el horno a 180°.
2. Mezclar la manteca, el azúcar y la esencia de vainilla en un bowl hasta obtener una crema.
3. Añadir la harina, el bicarbonato de sodio y la sal. Mezclar con las manos.
4. Sumar un chorrito de leche hasta formar una pasta con la que podés armar bolitas.
5. Poner las bolitas en una placa enmantecada y cocinar hasta que estén doradas en la base.
6. Decorar a gusto.

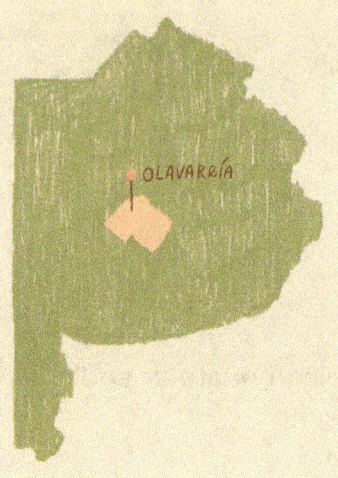

Conocí mi pueblo cuando me fui.
Empezás a extrañar las piedritas,
los huellones, el barro, el arroyo;
y no es nostalgia, es empezar a conocer
simplemente las cosas en las que uno
no se había fijado antes.

José Larralde

El interior

Todos hablan de emigrar.
Pero emigrar a otro país, con su lado A y su lado B, con la dificultad o la simpleza del idioma. Sin embargo, nadie habla de emigrar a otra ciudad o a otra provincia. Pareciera ser menos difícil ya que se habla el mismo idioma y seguís bajo la misma nacionalidad; aunque lo cierto es que hasta las palabras y expresiones comunes cambian dentro del mismo territorio.

Hoy, entiendo a Evita. Creo sentir cómo se sentía ella. Estoy en un lugar lejos de casa, la gente lleva una rutina muy diferente a la mía, con otros tiempos nada parecidos a los que conocí por 21 años. Hablan de cosas que no entiendo con palabras que a veces no reconozco. Y así yo también digo palabras o frases que dejan una expresión extraña en sus caras. Parece simple, pero no lo es.

Karina Gao es una chica china viviendo en Argentina, la sigo en su cuenta de Instagram y la considero una gran influencia en mi vida. Siento que pasamos por muchas cosas similares cuando la vida nos llevó lejos de donde vivíamos. Ella siempre escribe que los que emigramos atravesamos 4 fases: el enamoramiento, la marginación, el acostumbramiento y, por último, el biculturalismo.

Enamoramiento

El enamoramiento es ese primer momento de impacto donde nos encanta vivir la experiencia de que todo es nuevo y desafiante. Es estar un poco de turistas y un poco acomodándonos. Viviendo, pero observando todo con nuevos ojos y asombrándonos por las diferencias culturales sin juzgarlas, sino admirándolas.

Marginación

La fase de marginación es aquella donde me encontraba yo cuando empecé a escribir este libro. Es cuando uno cae en la cuenta de que no pertenece, pero tampoco encuentra la manera de amoldarse a la nueva cultura. Se pierde ese flechazo, esa novedad del nuevo lugar y la mayoría de las cosas te hacen sentir disgustado e incómodo.

Acostumbramiento

El acostumbramiento es la tercera fase y, yo creo, que es como tener un pie acá y otro allá. La diferencia entre la segunda fase y esta etapa es la actitud, el poder aceptar que las cosas son distintas y que siendo negativos no ayudará a cambiarlas. Acostumbrarse es aprender a tomarle cariño a todo lo nuevo, aunque algunas cosas nos cuesten. Esta fase se trabaja a fuerza de rutina, de cotidianeidad, de hacer muchas veces lo mismo y aprender a tomar lo nuevo como propio.

Biculturismo

La última etapa es el biculturalismo que es cuando ya te convertiste en ciudadano del nuevo lugar, ya incorporaste sus costumbres y las mezclaste con las tuyas. Sería como tener una doble nacionalidad. Creo que es la fase más linda, pero también la menos nostálgica; porque ahí es donde está la magia, en hacer de lo diferente parte de tu identidad, como si lo trajeras desde siempre.

Yo definitivamente me sentía entre la segunda y la tercera fase. En dichas etapas se resaltan todas las cosas que nos hacen ver y sentir diferente, incluso los vínculos haciendo que todo se vuelva aún más superficial. Me sentía distinta a las personas de Olavarría, pero, a la vez, no quería eliminar todo eso que decía "Hola soy diferente porque vengo de Rosario".

Tenía que encontrar el equilibrio y necesitaba hacerlo rápido. Aunque tampoco quería acostumbrarme a todos los actos generosos y desinteresados que recibía a diario, ni tampoco caminar por las calles dando por sentado cada vidriera. Con el tiempo llegué a entender que los seres humanos, en el interior, somos más parecidos de lo que creemos porque esto que siento es más común de lo que a veces puedo discernir y es también gracias a eso que escribo.

Estas son algunas frases y palabras que entorpecieron la comunicación, incluso hablando el mismo idioma dentro del mismo territorio, pero en diferentes provincias.

Diccionario de palabras y frases olavarrienses:

Larvear: dícese del movimiento similar a una larva, es decir, moverse con lentitud o estar echado.

Se le trabó el chip: sinónimo de "se le chifló el moño". Hace referencia a quien, de un momento a otro, se enojó o enloqueció sin pretexto.

Cuartirolo: nombre específico de determinado queso en los almacenes de barrio.

Churrasquera: lugar detrás de una vivienda en donde se realiza un asado. Sinónimo de quincho.

Palabras que yo usaba y no se comprendían:

Rolisec: rollo de papel de cocina.

Carlito: sándwich de pan tostado con jamón, queso y ketchup.

Trincheta: objeto cortante, más conocido como *cutter*.

Remo: infusión de leche caliente con chocolate amargo en barra.

Pororó: pochoclo, maíz inflado.

Una costumbre que me rehusaba a abandonar:
comer choripán con mayonesa. Es que sí, en Rosario aderezamos el choripán.

Toda mi vida las palabras habían servido de puente, dejándome expresarme tal y como era. Pero ahora mis palabras causaban gracia o distancia, no me acercaban al otro lado. Yo quería pertenecer, pero no quería dejarme ir, quería mantener conmigo todo eso que decía Rosario de mí.

Rosario es Central

Nunca fui muy futbolera, esa es la verdad. Para mí el fútbol es pasión y adrenalina, dos cosas que me encantan, aunque no me sienta en full modo futbolera. Alenté en el mundial del 2014 y hasta me compré un vaso de Messi; también fui a la cancha algunas veces, soy fanática de las botineras y me hubiera gustado nacer 30 años antes para llegar a ver a Maradona jugar. En mi escuela, una vez, se izó la bandera de Central en el patio y me pareció un acto honorable. Aunque no me importaran mucho los resultados, sí quería que Rosario Central dejara de sufrir al menos una vez.

Tengo una remera de Central y, más allá, de que alguna vez fui a la cancha y mi papá me contó historias de Aldo Poy y las palomitas de no sé quién, estoy feliz porque Central es de Rosario. Siempre sentí que era mucho más admirable ser del equipo de tu ciudad. No entendí nunca cómo alguien podía ser hincha de un club que nunca había visto la cancha, ni siquiera desde afuera. Y para mí, Central, tiene mucho de Rosario y me doy cuenta que extraño un poco mi ciudad. Rosario y Central, y también Newells, aunque no me simpatice tanto, son parte de mi identidad como persona del interior y de una ciudad mediana.

Las ciudades medianas tienen un encanto particular, me gusta academizarlas, como si fueran un concepto universitario. Las ciudades medianas son un invento social que tienen mística, pero, al mismo tiempo, es muy fácil descifrar sus patrones: el ciudadano mediano, como el rosarino, se siente diferente, se proclama con orgullo ser de un club del interior. Tiene ese aire de ciudad grande, pero en el fondo sabe que se puede cruzar con algún conocido en el parque o en el mismo colectivo. Disfruta de los gustitos de la ciudad, vive a un ritmo acelerado, pero siempre tiene tiempo de tomarse algo en un bar después del trabajo. Porque en Rosario siempre hay algo cerca.

Solo cuando me fui de mi ciudad empecé a valorar todas las cosas que había naturalizado en esos 21 años viviendo allí. Solo con ojos de afuera atesoré las cosas que la volvían diferente.

Cuando pienso en todo esto me acuerdo de la primera vez que Die conoció Rosario. Lo llevé a mi segundo lugar preferido, el Parque España, que recorre la parte más linda del río. Desde las escalinatas que desembocan en un playón ocupado por *skaters*, se pueden ver las islas y el río inmenso en el medio. Esa tardecita, cuando caía el sol, apareció un barco enorme de los de carga, Die, como si fuera un niño, me dijo "¡mirá un barco!". Es que sí, en Rosario hay un río y hay un puerto. Para mí, los barcos son un medio de transporte común y corriente. Pero ahora, mientras rememoro esa imagen pienso en lo magnífico que es ver un barco mientras flota en el agua; pienso en las primeras veces y cómo al sorprendernos se vuelve a prender esa chispa de la niñez.

Tal vez Central y el fútbol siguen sin gustarme demasiado, pero si los tengo cerca, así sea en una remera al fondo del placard, son suficientes para traerme un poco de Rosario a mi ciudad actual y encender las memorias de mi vida pasada.

Ejercicio para entrenar la mirada de la infancia:

1. ¿Cuándo fue la última vez que algo te sorprendió?

2. Escribí sobre esas cosas que te hacen sentir como niño o niña y te siguen asombrando.
La naturaleza suele ser una gran aliada para entrenar la mirada: los insectos, las flores, el ruido del viento; animate a observarla más.

Ejercicio botiquín emocional:

Pensá y escribí ¿qué cosas traes a la memoria para volver a casa? Si podés, buscá algún amuleto u objeto que te sirva de ayuda para tener siempre cerca ese lugar seguro.

Metamorfosis

Mariposa tecknicolor sonaba mientras yo tenía las manos transpiradas ese noviembre allá a lo lejos. Mientras más pensaba en que tenía que subir unas escaleras que me parecían eternas, más nerviosa me ponía. El salón donde festejé mis 15 años tenía la pista de baile en el segundo piso y yo estaba con mi papá en la planta baja esperando que la canción sonara un poco hasta entrar.

Recuerdo que en un chat de Facebook le dije a alguien que me parecía un buen tema para mi entrada. Ahora que lo pienso mejor, tal vez algún tema de Miley Cyrus me hubiera representado más en esa etapa de mi vida, pero la canción de Fito fue simbólica.
Ya desde entonces Fito me hacía sentir la vida un poco más fuerte, más profunda. Fito es lo que siempre necesité para sentirme más feliz, para darle más contundencia a los momentos lindos.

"Cada vez que me miras,
cada sensación,
se proyecta la vida
mariposa tecknicolor"

Fito es mi banda sonora de fondo, el *soundtrack* de mi vida. No es el autor de mis canciones preferidas ni mi lista de Spotify más escuchada, pero sí es la melodía que está siempre presente y que, a veces, cuando lo preciso, se acentúa. Fito Páez es mi compañía en los momentos más felices. Dicen que cuando uno está triste debería escuchar a Sabina y cuando está feliz, a Fito. Él es el único que entiende la sensación profunda de estar lleno en el momento presente o de rememorar alguna época feliz. Es el gran maestro de la nostalgia gozosa, de la que entiende que hubo tiempos felices, pero que también vendrán otros mejores.

Todo en mi vida cobra más sentido cuando pasa el tiempo y, como buena buscadora de simbolismos creo que, aunque la vida pase y las circunstancias sean distintas, estas canciones siempre me encuentran, no sé si por casualidad o por ley de atracción. Pero estuvieron ahí aquella noche que cumplía 15 años saliendo del capullo y proyectando mi vida; o cuando me encontró el amor en un día de lluvia y se nos ocurrió responder con frases de *Llueve sobre mojado*; y también cuando cosas grandiosas llegaron a mi vida y lo transformaron todo, como a una mariposa en plena metamorfosis. Fito y su música me enseñaron que, después de cada transformación, todo va a estar mejor.

Y, si algún día mis alas de mariposa extrañan demasiado mi ciudad natal, por suerte *Rosario siempre estuvo cerca...*

¡Gracias Fito por tener siempre las palabras justas!

Ejercicio para encontrar o dejar registro del soundtrack de tu vida:

1. Pensá en todos tus momentos icónicos e importantes de tu historia, ¿había alguna canción o cantante de fondo? Hacé memoria y tomá nota en una lista.

2. Enumerá o hacé una lista de cuantas canciones te ayudan a potenciar la emoción de un momento.

3. Compará las listas. ¡Las canciones o grupos musicales que se repitan son tu soundtrack! Guardalas en una lista especial en Spotify o dejalas escritas en algún cuaderno para cuando necesites escuchar tu banda sonora.

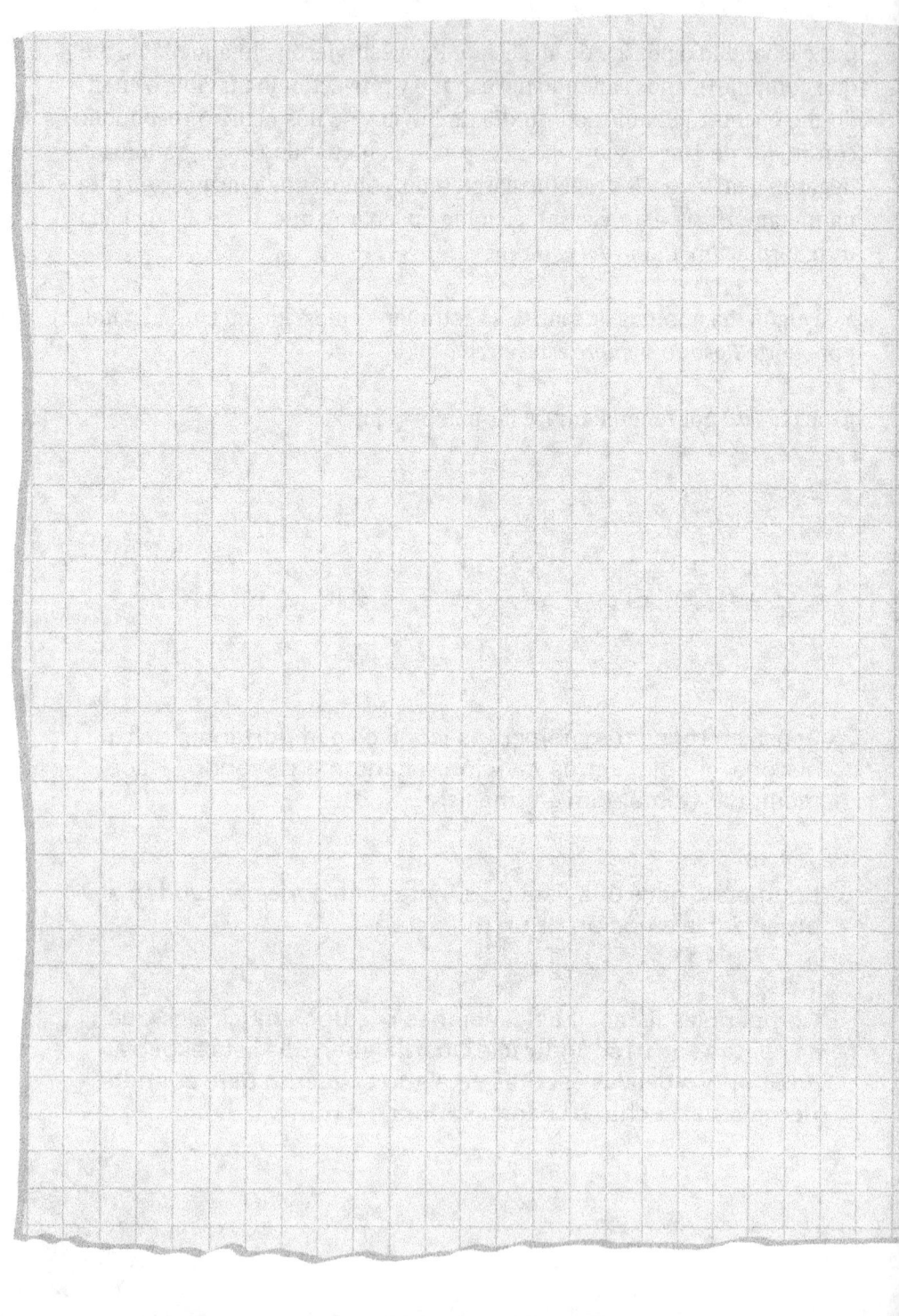

conectar con
mi intuición |

Cuanto más escuchas a tu sabiduría interior, más la fortaleces, como si fuera una habilidad o un músculo.

Robbie Gass

Volver a confiar

Mudarte y vivir lejos implica no tener un lugar seguro a donde saltar. Para no sentirme en un abismo, me fue imprescindible trabajar mi intuición. En los meses anteriores a mudarme yo le decía a Die que sentía que podía descifrar con más claridad las intenciones de las personas, pero él, con su practicidad para vivir, me insistía en que no le diera muchas vueltas al asunto, que simplemente confiara en la gente y la vida.

Sin embargo, yo intuía miles de cosas sin poder controlarlo. Quería eliminar esos análisis como si fueran marcas de acné, porque no era algo que quisiera conservar dentro mío.

Estar distante te enseña todos tus mecanismos de defensa, el mío era planificar constantemente y que sucediera algo negativo no estaba en mi calendario. Pero la intuición está latente y ninguna crema para acné puede quitarla, tenía que confiar en ella. Desde chica, la posibilidad de sentir algo y que coincidiera con la realidad era mi naturaleza. Y lo tomaba como un juego, hacía bromas y hasta dejé que me pusieran el apodo de tarotista, aunque jamás estuve ni cerca de la astrología. Es más, mi único recuerdo cercano fue un libro del horóscopo chino del supermercado cuando tenía 10 años.

En fin, en el fondo siempre confié en mi intuición. Casi más que en mí, como si fuera algo externo y yo tuviera la suerte de que quisiera tener mi compañía. Al igual que una buena amiga, cuando mi intuición se daba cuenta que no le estaba prestando atención, se alejaba y su ausencia me dolía, porque sin esa voz guía cometía errores o no podía antelar las situaciones.

La intuición venía para darme un mensaje: lo malo no triunfa. No me refiero a que no exista, sino que no triunfa en el tiempo, todo vuelve a estar bien casi por inercia. Esta habilidad amiga me ayudaba a ver con una mirada desde afuera a las personas, pudiendo descifrar sus intenciones. La intuición como una buena compañera venía a traerme sabiduría y calma sobre cosas que yo, encerrada en mi tristeza, no podía ver.

No quería ponerme una máscara de la realidad y negar la maldad, porque en mi lógica pensaba ¿puede ponerse peor esto? Muchas veces no quería enfrentarme a la maldad en sus diversas formas, que a veces aparecía, porque ya tenía muchas otras cosas que me tenían apesadumbrada.

Desde siempre entendí que mi desafío en esta vida era integrarme a los grupos armados. Desde mi infancia cuando cambiaba de escuela o barrio, mi temor era que, en ese lugar, en esa parte del mundo ya había gente que se conocía entre sí, que tenía códigos que yo no entendía. Algo así *como si cada cambio fuera una migración en sí misma.*

Sabía que no siempre había voluntad desde esos círculos para integrar gente nueva, pero podía vivir con esa realidad. En algún momento de mi vida yo también fui parte de algo y sabía que era un esfuerzo extra sumar a alguien de afuera. Lo malo de los grupos es que la gente toma otra forma también. Personas que en su forma individual son buenas y tienen sensibilidad por otros, dentro de un grupo se sienten seguros o tal vez cobardes para marcar la diferencia por las circunstancias y la presión ajena. Porque la valentía no se usa en guerras y cuentos, sino en lo más cotidiano de la vida. El punto es que sabía que el grupo estaba constituido por personas bondadosas, pero yo estaba afuera. Y, a lo mejor, cegados por la esperanza, creemos que podemos ser como niños preguntando si podemos unirnos al juego, aunque ya haya empezado. Mi primera experiencia así fue cuando recién llegué a Olavarría. Fuimos a un evento social y cuando llegué tenía ganas de llorar: no tenía a nadie con quien hablar y lo más doloroso fue el hecho de sentirme marginada. Sentía que mi corazón estaba roto. A veces ser diferente tiene un precio, eso mismo que yo no quería abandonar (mi extrañeza de ser rosarina) era lo mismo que, tal vez, me alejaba de volverme parte.

Lo que se nombra existe. Si existe se puede hablar, tratar, resolverse. Aceptar que la tristeza también tiene un lugar, aunque parezca lo contrario, es sanador. Hubo días que sentí que estaba en su podio, sentada desde lo alto, como una reina en mi vida, controlando todo a su alrededor, metiéndose en cada decisión. Lo más interesante de esto es que tristeza e intuición se hicieron muy amigas porque la intuición veía más allá, mi intuición podía ver a lo lejos cómo las cosas malas iban desapareciendo en el horizonte, y lo que entonces era una tristeza absoluta, mañana tendría otro color.

Se llama frustración

Ante todo, quería mantener la sonrisa, como lo había hecho en otras situaciones, pero llorar se había convertido en mi nuevo hábito. Nada me venía bien y eso también me hacía quebrar en llanto. Esto me hacía sentir egoísta porque, supuestamente, lo tenía todo; el mundo a mi alrededor trataba de que estuviera feliz, pero simplemente no podía, llevaba a flor de piel mi tristeza interna.

Era febrero y las inscripciones estaban cerradas en todos los institutos y facultades. El profesorado de literatura al que me había anotado pendía de un hilo porque no había demasiados inscriptos.

Esa semana había intentado pagar un impuesto, fui durante la siesta a un kiosco cerca de casa, pero estaba cerrado. La calle estaba muerta, vacía. La gente dormía la siesta. Me mordí los labios de bronca y me puse a llorar. Todo era tan distinto. Cuando podía, lloraba sola en casa a la tarde porque no quería llorar delante de Die. No por vergüenza ni miedo; yo sé que él también trataba de que estuviera mejor, pero es que simplemente no sabía cómo explicarle lo que sentía. Una tarde salí y cuando volví había dejado una nota sobre la mesa: "Esta es la dirección del instituto, no vayas caminando, tomate un remis. Acá está el teléfono, por si no querés ir, así vemos que papeles hay que llevar. Si no querés nada, está bien también." Esa última parte estaba resaltada con marcador naranja. ¿Acaso sabía lo que quería?

Es difícil empezar de nuevo. Las pequeñas frustraciones te absorben el alma, te hacen sentir que todo está mal, que nada se va a solucionar, te inunda una ola de pesimismo incalculable. Es así. Las redes, los medios de comunicación y el mundo nos preparan para que nuestros días 24/7 sean de positivismo y perseverancia, pero la realidad es que frustración es una palabra común y casi diaria. Ponés todo el empeño en cocinar algo y cuando lo probás está horrible, frustración. Vas a un lugar a comprar algo que necesitás y está cerrado, frustración. Tenés un trabajo que te aburre y quisieras abandonar, frustración.

Me declaro una persona alegre, pero entonces ni el espejo me reconocía, porque nunca, en mis veintipico de años, había estado de malhumor tantas horas seguidas. Sentía impotencia, frustración.

Si me hubieran dado un libro de quejas para dejar todas mis opiniones negativas, creo que hubiera llenado muchas páginas. A veces sacar toda esa negatividad hacia afuera, bien dirigida, es muy esclarecedor. Porque, cuando podemos observar desde arriba, las cosas no se ven tan malas como creemos.

Ejercicio Creá tu propio libro de quejas:

1. Elegí un cuaderno o libreta y escribí todo lo que te frustró de algún cambio: las cosas que no te gustan del lugar nuevo, todos los contras que encontraste durante el proceso, las cosas negativas que aún hoy no podés superar.

2. Una vez escrito, lo vas a sentir como haberte sacado un gran peso de encima.

Dentro de un tiempo, volvé a leer lo que escribiste en el punto anterior y fijate si alguna de esas cosas aún te afectan.

Vulnerabilidad

En realidad, mi palabra era transparencia porque, entonces, no conocía lo que era vulnerabilidad. Ya había aprendido algunas cosas de la vida y, a los golpes, había conocido la magia de ser transparente, es decir, de no esconder mis debilidades y defectos. Porque cuando menos escondés, más empática puede ser la gente con vos. También entendí que la sociedad espera que vos quieras quedar bien parada y, entonces, cuando sos franca no se lo esperan, los toma por sorpresa y no pueden dañarte tanto. Hay gente a la que le gusta exponer a los demás, para hacerte quedar mal, pero si les robás ese poder exponiéndote a vos misma con tu verdad, ellos se quedan sin armas.

Todos necesitamos expresar nuestra vulnerabilidad. De hecho, necesitamos saber que a los demás también les suceden cosas malas, que todos fracasamos, que todos tenemos miedos y vergüenzas. Saber esto nos hace sentir menos solos e inseguros, porque la vulnerabilidad nos acerca, nos tranquiliza y nos hace dar cuenta de que no está mal ilusionarse y que después las cosas no salgan como esperábamos.

Nos sirve cualquier vulnerabilidad, incluso la de personas famosas. Mientras escribía pensaba que mis historias eran demasiado personales para compartirlas, pero leyendo y mirando películas asumí que en términos artísticos todo lo vulnerable "garpa" porque es lo que resuena y genera efecto búmeran, dejando sentimientos y pensamientos en el otro.

Yo amo Pixar, su historia, su gente, sus políticas de trabajo y ellos mismos dicen que para que se te ocurra una idea honesta y emotiva tenés que tener el coraje de ser vulnerable. Tenés que pensar en esas cosas que te incomodan o que evitás porque esas son las cosas ciertas y reales de la vida de un ser humano. Obviamente todo tiene un precio, Elizabeth Gilbert se hizo millonaria y conocida por animarse a escribir *Comer, rezar, amar*, un libro donde expresó su vulnerabilidad al 100% y puede que no siempre salga tan bien la cosa como a ella.

Pero expresar nuestra vulnerabilidad tiene otra cara, una en donde puede que nos expongamos al dolor y a la decepción, pero aun así siempre vale la pena para nosotros mismos y para algún otro ser humano que se choque con nuestra verdad.

Perlas

Una vez, mi papá me contó, mientras estábamos sentados en el living de casa, cómo se hacían las perlas. Él siempre tenía el don de enseñarnos a través de historias, casi como si fueran parábolas, siempre con detalles de color.

Para introducirnos en el mundo de las joyas nos dijo que las perlas no son como los diamantes, las perlas son sustentables. Hay una protagonista, la ostra. Artificialmente alguien introduce un grano de arena dentro de su caparazón, "un guisante en el colchón de una princesa"; la ostra sufre tanto por el dolor en su interior, que se retuerce para aliviar su pena, así, logra pulirlo, poco a poco, con su propio esfuerzo. Cuando finalmente logra transformarlo en algo esférico ya casi no le ocasiona molestia.

Me parece una historia alucinante. La naturaleza misma enseñándonos sobre resiliencia, transformando el dolor y la maldad ocasionada por otros en algo invaluable y hermoso. Nunca me animé a googlear ese origen, porque no soportaría matar esa poesía de lo cotidiano. Además, le rompería el corazón a mi papá y por la manera en que nos lo contó, para mí no hay dudas de que es real. Como toda parábola me quedé con las enseñanzas que nos había declarado y para la Monsi del pasado, este es mi regalo:

Cuando alguien te dé granos de arena y sientas que el dolor va a apagarte, cuando te sientas que brillás confusa, pulí. Un día vas a despertarte y vas a brindar algo mucho más lujoso de lo que creíste capaz de crear.

*El tiempo corre. Vivir lejos, ser alguien nuevo, no conocer a las personas, es solo un grano de arena.
No es una desgracia, sino una experiencia.
No dejes que te perfore o deje heridas irreparables.*

Trabajá en vos. Está en tu naturaleza. Regalale a tu mundo y a vos misma una maravilla encapsulada. Permitirle una oportunidad.

*Los malos van a creer que no tenés armas para combatir, pero vos andá y matalos con amabilidad. Estar perdida es el mejor lugar
para preparar tu perla.*

la parábola
 de los talentos |

Talentos que nacen

Después de toda la secundaria reprobando matemática pude darme cuenta por mí misma que esa materia no era lo mío. Con el paso del tiempo, acepté que todo aquello que la involucra, como las finanzas o las inversiones, me resulta difícil de comprender, entonces elegí creer que ese mundo es un misterio para mí. Así fue como entendí sobre los talentos, los que crecen son aquellos que nos animamos a sacar a la luz y nos permitimos fracasar.

En la parábola que se encuentra en la Biblia, conocida como *La parábola de los talentos*, cuenta que se les dio talentos –monedas de oro– a tres siervos. Dos de los hombres invirtieron sus talentos y cuando volvió su señor le entregaron el doble. El tercero tuvo miedo de perderlo y lo escondió en la tierra, por lo que, cuando su señor volvió, no había engrandecido su dádiva.

A veces, un talento puede ser un arma de doble filo. Creemos que escondiéndolo hacemos un bien, creemos que no nos hace falta sacarlos a pasear al igual que otros, porque después de todo, nosotros somos los dueños de ese talento.

Sin embargo, los talentos tienen vida propia y por lo tanto crean comunidades. Se atraen entre sí, se complementan, se enamoran del talento equivocado, cambian y siempre están dispuestos a recibir atención.
Mientras más talentos acumulemos probablemente sepamos "mejor" cómo resolver las cosas de la vida: el hambre se resuelve cocinando, los malos días se resuelven escribiendo.

También sé, y lo aprendí de los momentos turbulentos en estos últimos años, que es precisamente en esas situaciones donde sobrevivir es la única cosa que podemos hacer, y que allí florecen algunos talentos como por arte de magia. Son talentos que vienen a salvarnos.

Esta es la lista de mis talentos nacidos en una ciudad pequeña:

- cocinar pan
- decorar cumpleaños
- coser
- llorar cuando alguien llora
- emprender

Ejercicio para dar luz a tus talentos:

Pensá y escribí qué talentos florecieron en tu proceso de cambio. Pueden ser habilidades como cocinar cuándo te mudas fuera de la casa de tus padres, o aprender a escuchar las historias de otros.

El método de extrañamiento

Mis primeros acercamientos a la antropología fueron lejos de Olavarría, aunque sería allí mismo en el centro de la provincia de Buenos Aires donde terminaría por integrarla a mi vida. Solo había escuchado sobre ella de una persona que era antropóloga y las referencias habían sido que se trata de algo extraño, que nadie sabe bien de qué se trabaja. Cuando mi yo de 9 años escuchaba cómo describían esta profesión, me imaginaba que era de esas cosas de la edad media donde solo los de la realeza estudiaban esas cosas extrañas, como las artes, la literatura y la antropología, si hubiera existido.

Años después, mi mamá eligió esa carrera y la veía muy apasionada por algo que no entendía. Más tarde, en mi primer año de facultad elegí *Pro-*

blemática antropológica. Un poco para entender ese mundo que me era ajeno, pero lleno de curiosidad infantil; otro poco para entender el mundo de mi mamá.

Fue recién cuando arranqué la carrera de Comunicación Social que finalmente descubrí y entendí la antropología. Hoy, creo que podría escuchar horas y horas lo que hacen los antropólogos y lo que hicieron desde el nacimiento de esta ciencia. Y si tuviera que elegir algo de lo que me encanta de su trabajo, sin dudas sería *El método de extrañamiento.*

En la última parte de la historia, los antropólogos estudian a la sociedad a través de desconocerla totalmente, para volver a sorprenderse y conocerla desde nuevos puntos de vista. Entonces, entendí que yo estaba aplicando el método del extrañamiento a mí misma, aunque, en realidad, yo no tuve que desconocer nada, porque lo desconocía todo en Olavarría: los lugares, las personas, los olores y los ruidos.

Empecé a caer en la cuenta de que, como yo lo desconocía todo, evitaba ir a los lugares populares de la ciudad. Mientras la gran mayoría aprendía pastelería en la escuela de pastelería de la avenida, yo ni siquiera sabía que existía y por eso elegía los cursos de P. Mientras muchos iban a las mesas del V. café, yo descubría un lugarcito oscuro y antiguo que se llama Los Errantes. Tampoco compraba cosas de cocina en el bazar más grande, que siempre estaba repleto de gente. Prefería ir a los lugares que están más alejados de la plaza del centro. Como investigaba mucho y no sabía de referencias locales, conocía la nueva ciudad a mi manera. Así descubrí que los viernes había cine y cena en la Alianza Francesa e, incluso, me hacía las uñas en un lugar que parecía ser el boom, pero sin que nadie supiera.

Sin darme cuenta estaba aplicando el método del extrañamiento a mi vida en Olavarría y, de hecho, este método me parece un recomendado ideal para cuando vivís lejos y no querés dejarte atropellar por lo común, por lo turístico, por lo de siempre.

Creo que emigrar te permite hacer elecciones diferentes a lo habitual como:

- elegir el bazar menos conocido
- merendar en bares fuera de la plaza del centro
- comprar ropa en boutiques escondidas
- conocer gente que también es de otras ciudades
- poder ver potenciales ideas de propuestas políticas, por ejemplo, ir caminando por determinada calle y pensar "acá hace falta un mural o una luz, o más árboles".

Ejercicio Tu mapa de los nuevos tesoros:

¡A dibujar!

Tranqui, no tiene que ser una ilustración perfecta, sino un dibujo representativo de esos lugares que descubriste por no seguir la corriente del lugar.

Esos espacios que ahora amás y disfrutás, pero que no hubieras conocido si no te hubieses atrevido a ir por lo desconocido o lo poco habitual. Podés dibujar las diferentes emociones que te hacen sentir, algún objeto muy particular de ese lugar, alguna persona que siempre está, lo que quieras. Lo importante es la lectura que realizas de ese espacio singular.

La nebulosa

En el año 2018, viajaba cada uno o dos meses a Rosario con la excusa de mi tratamiento de ortodoncia. Así arrancaba mi estadía fugaz, sentada en el consultorio de V. con la silla que daba directamente a la ventana y desde donde se veían los árboles de la manzana del museo. Mientras ella hacía el *service* me explicaba que lo ideal sería continuar con algunas visitas más. Pero no, yo no quería ir más a Rosario, aunque me encanta y es una forma de seguir presente en la vida de mis conocidos, yo quería dejar de volver. Suena horrible, pero vivir lejos a veces se siente así...

V. dijo que me entendía, aunque nunca hablamos específicamente, creo que ella también era de otro lugar, seguramente había ido hacía varios años a estudiar odontología a Rosario y se quedó. Ella tiene un marido y dos hijas, así que supongo que le gustó la ciudad para vivir. Lo cierto es que no me dijo nada de todo eso, pero yo lo escuché detrás del tono de su voz: ese cansancio de que por un lado tenés que volver a tu lugar de origen, pero por otro también extrañás tu casa actual, tu nueva rutina. Lo que pasa es que si vuelvo a Rosario es como que no estoy ni acá ni allá, no estoy en ningún lado.

Creo que vivir lejos se trata un poco de eso. Disfrutar de esa nebulosa que existe entre una ciudad y la otra. Viajar y regresar, volver a irse.

Aprender a manejar ese pequeño espacio que, en ocasiones, es enorme y otras veces insufrible, es el mejor talento para volver a vivir estando acá o allá, pero estando quietos en un solo lugar.

Consejitos duros para vivir y DEJAR VIVIR lejos: pero (reales)

OLAVARRÍA

estar en todo, estar en nada

Saber que no vas a poder estar en todo lo de acá o lo de allá; es más, así no vas a estar en casi nada. Realmente no podés teletransportarte ni ser omnipresente.

AYUDA!

Hablar y pedir ayuda. Los que nos quieren, nos extrañan. Escribiles, llamalos, hablales.

más amor mi amor

"Justamente porque no estás, siempre vas a ser especial en todo. Cuando vayas todos van a darte más amor del que te darían normalmente y siempre vas a ser una fuente de alegría. No vas a pelearte ni vas a fumarte los problemas, pero si le ponés esfuerzo vas a saber compartir las alegrías". Juana Riepenhausen frases reconocidas

libre

No depender de los demás para tomar tus decisiones, pero tampoco exigir que ellos dependan de vos para las suyas.

los amigos
individuales |

La chica yogui

Hasta ese momento yo vivía de amigos prestados, es decir, amigos de otras personas con quienes compartía momentos, pero no era yo la que proponía esos encuentros ni tomaba la iniciativa de hacer planes, mucho menos era ese el espacio para conversar sobre cosas profundas. Hacía mucho tiempo no hacía amigos. Conocer a otra persona desde el nombre hasta sus más profundos miedos, su pasado, su presente y sus sueños. En otras palabras, empezar desde cero.

Hay momentos de la vida en donde una se siente como en una escena de película, en donde las cosas se acomodan y hasta se siente la música de resolución de fondo.

Eso pasó cuando hice mi primera amiga individual, es decir, una amiga propia, un vínculo construido desde cero. Shadi y yo nos entendimos enseguida porque tenemos las cabezas voladas. Recuerdo que nos pareció arcaico tener que hacer una presentación por la plataforma virtual, una pavada total. Cuando ella me lo dijo, le respondí que pensaba lo mismo, que ¿a quién le podía importar que yo hiciera yoga? Pero, para mi sorpresa, sí había alguien a quien le importaba, porque Shadi dio vuelta la cabeza hacia mí en un giro 180 grados y me preguntó "¿hacés yoga?"

Entonces supe que ella estaba estudiando en Tandil el instructorado de yoga y que tenía un tatuaje de buda en el hueso de la clavícula. En ese cursillo también descubrimos otra cosa en común, que cuando escuchábamos hablar a alguien apasionadamente sobre su trabajo podíamos convencernos de seguir ese camino y vivir así de apasionadas.

A Shadi la iban a buscar a la facultad todos los días, porque vivía en Azul. Ambas elegimos la carrera de Comunicación Social. Cuando el camino universitario estaba arrancando, yo acomodé mis horarios y ella buscó un departamento para venirse a vivir a Olavarría. La ciudad tiene un centro bastante grande para lo industrial que es todo, pero no importa en qué barrio vivas, siempre estás a menos de quince minutos de allí. Por eso cuando le recomendaron el departamento en la calle 25 de Mayo, la madre de Shadi dijo que había sentido que tenía que estar ahí. ¿Casualidad? No quiero decir que Gachi, Pachi, yo y Shadi vivíamos en el mismo barrio, pero tampoco creo en el azar.

Así, las tardes de siesta se volvieron de mates y bizcochitos, o tostadas y apuntes. Casi siempre dejábamos los apuntes y nos poníamos a charlar.

Aunque somos diferentes, en el fondo nos necesitábamos una a la otra en el momento exacto, las dos proveníamos de otro lugar y habíamos coincidido ahí, y eso es más fuerte que cualquier gusto en común.

Creo que la mayor magia del encuentro fue el saber, para toda la vida, que nuestra amistad no fue ni la más cercana, ni la que más fotos o encuentros tuvo, sino que fue una amistad de carácter abrasador en un momento que para las dos estaba siendo de cambio total. Shadi había terminado su relación y estaba empezando una nueva vida en Olavarría. Yo había dejado todo mi pasado por este amor a Die y me había venido a vivir a Olavarría. Las dos dejamos algo por otra cosa nueva.

Al siguiente año Shadi se dio cuenta que siempre sus raíces iban hacia Tandil, otra ciudad de la zona, pero con mucha más movida. Entonces, yo misma aprendí la lección más madura de todo ese año, aunque quería estar con mi amiga individual, la insté a que siguiera sus sueños. Si eso le iba a traer felicidad y satisfacción, entonces yo iba a estar del lado de sus sueños.

Esa primera amiga individual me devolvió la confianza para hacer nuevos vínculos. Si una vez había salido bien, entonces había infinitas posibilidades de volver a lograrlo. Es por eso que Shadi no es solo una amiga, tiene un lugar especial, un altar en mi corazón.

Recetas exactas

Los amigos prestados seguían siendo una buena opción, pero es como pedirle a tu hermana ese sweater que te encanta. Sabes que en algún momento vas a tener que devolverlo y, mientras tanto, lo disfrutas con cautela porque como decían mis padres "cuidar lo ajeno es más que cuidar lo propio".

Somos seres humanos y, al principio o al final, pero en algún momento, necesitamos un hombro que nos sostenga, un confidente, un acompañante dispuesto por voluntad propia. Somos seres sociales, es así, no hay que renegar de la naturaleza. Y yo necesitaba encontrar la forma de transformar los vínculos y hornear nuevos. ¿Y si los amigos prestados me caían lo suficientemente bien para volverlos amigos individuales? ¿Cómo se hacen amigos nuevos? ¿Se le pregunta a otro si quiere ser tu amigo? o ¿se da de manera natural y hay que dejar que todo fluya?

Creo, que al igual que en la cocina, en la vida debe existir una receta para hacer amigos. Y yo tengo muchas recetas de otras personas anotadas, pero el problema no es tener todo anotado, sino el hecho de usar recetas ajenas. Todo el que sabe de cocina (y de la vida) sabe que nadie nos da la receta de la felicidad porque, al fin y al cabo, las mejores recetas son las de nuestra autoría. Yo sabía que había llegado la hora, tenía que poner las manos en la masa. Pero, ¿Cómo hacerlo? Como en la cocina, probando.

Construir un vínculo no es cosa sencilla. Se necesita tiempo, dedicación, atención a los detalles. Construir implica resignar con amor. Resignar tiempo que tal vez dedicaríamos a otra cosa o resignar el deseo de no ir a un lugar.

Los vínculos se construyen con amor, pero eso no quiere decir que siempre uno esté dispuesto desde el principio, a veces uno se tiene que recordar que el otro también te necesita y en eso consiste una amistad.
Con ayuda de Die nos propusimos crear vínculos fuertes; pocos, pero de calidad. Y fue como una receta de pastelería: exacta. Nuestra misión:

encontrar a las personas que más nos hicieran sentir bien, con las que pudiéramos ser nosotros mismos. Gente con la que reír, pero también poder tener plena confianza cuando habláramos de nuestros proyectos. Buscamos matrimonios amigos, que supieran que vivir con alguien es crear en conjunto y que sus hijos serían nuestros sobrinos.

Todo este proceso me hizo sentir como una niña en su primer día de escuela, con gente nueva, pero entre algunos que ya se conocen. Intentando ser auténtica, pero sin ser descortés; intentando pertenecer, pero siendo aceptada tal como era.

Algo que aprendí de las recetas y de hacer amigos es que hay que probar muchas veces. En ocasiones una receta que sale bien a la primera, es porque, casi siempre, lleva tiempo. La amistad es algo así, a las recetas conocidas les agregué el condimento de ser digna de confianza y estar presente en las alegrías y tristezas. Las recetas nuevas llevaron más prueba y error, agregando conversaciones espontáneas, armando planes inusuales y aprendiendo a escuchar sin juzgar.

a través de
los sentidos |

Empezamos la vida de niños, abriéndonos a las ideas de los demás porque necesitamos estar abiertos para aprender. La mayor parte de lo que descubren los niños son cosas que no habían visto antes.

El niño no tiene más remedio que aceptar lo nuevo.

Sin embargo, si esa amplitud de mirar es tan maravillosa, ¿por qué la perdemos al hacernos mayores?

Ed Catmull.

Desde que nacemos aprendemos a reconocer todo a nuestro alrededor con los cinco sentidos. Yo considero que hay más de cinco, entre ellos la intuición; pero básicamente todo lo que pasa es reconocido por nuestros parámetros. Así como en la comida todo entra por los ojos y luego entendemos los gustos, la vida es igual. Pero detrás de todo y de manera metafórica también, la verdad es que ¡cuánto nos perdemos solo mirando!

Al tiempo de vivir en Olavarría, empecé a descubrir la ciudad a través de todos mis sentidos y estos fueron algunos de esos hallazgos.

Sentido #1

Perfume de hogar

Algo que me identificó siempre fue el detector de aromas y olores. De todos mis sentidos, el olfato es el que más siento. Tanto así, que era más fuerte que yo oler los vasos en casas ajenas o detectar el dueño de una prenda por la fragancia que tenía. Aunque también ese don me hacía evitar veredas con tachos de basura y otras situaciones apestosas como esas.

Desde que tenía 4 años y tengo mis primeros recuerdos, sabía cuál era el aroma de la casa de mis abuelos, de las casas de mis amigas y otros lugares que concurría con frecuencia. El olor de mi abuelo no era el mismo que el de mi abuela; tampoco el perfume de mi mamá o mi papá. De más grande identificaba y comparaba aromas de lugares de comida o golosinas, y también de personas no tan allegadas.

Como una especialista en aromas, es bien sabido que uno nunca puede sentir el olor de su propia casa, no hay explicación lógica. Una de mis preocupaciones cuando me mudé fue si mi nuevo departamento tenía mi olor anterior, el olor a la casa de Die o un nuevo invento de nuestros aromas. Me daba vergüenza preguntar semejante tontería.

Cuando me mudé, supe que el olor de mi casa iba a ser diferente. También que iba a poder sentir el aroma de mi casa anterior que no había distinguido en olores en el pasado.

Después de unos meses viviendo en Olavarría fui a un curso de cocina y nos dieron a elegir para llevarnos un plantín, tenía que decidir entre orégano y romero. Elegí el romero porque el patio de mi abuelo tenía ese perfume y también porque la primera maceta que trasplanté fue de un romero en ese mismo patio. No lo dudé, y acá permanece, aunque está medio marchito lo sigo dejando, porque cuando pega el sol y abro la ventana de la cocina, entra ese perfume y mi casa actual huele a romero.

Hace un tiempo, llena de intriga, le pregunté a mi mejor amiga si mi casa tenía el mismo olor que la casa en donde vivía con mi papá, me dijo que no y me reí. También le pregunté si mi nueva casa olía como la casa donde vivía mi mamá, y se rió, tampoco era igual. Ese olor no se parecía a ninguna de mis casas anteriores.

Me quedé tranquila, no percibo el olor de mi hogar actual y eso pasa solamente cuando un lugar es tan tuyo que no se reconoce como extraño. Me siento en casa de nuevo.

Sentido #2

El pájaro

Nuestros sentidos se acostumbran a la rutina y a los sonidos que pasan por nuestra ventana cada mañana y cada noche. Yo viví toda la vida en calles transitadas, así que un auto pasando rápido no era razón para despertarme, tampoco me despertaban los pájaros o las personas que pasaban hablando. En cambio, cuando llegué a Olavarría, el sueño me cambió y a las 6 y media de la mañana un sonido penetrante no me dejaba seguir conciliando el sueño. Por un mes traté de identificar si era un pájaro, un insecto, la máquina de algún taller. Nada, no sabía qué era hasta que al-

Mire, respire, sienta el viento, o el calor, o la brisa, analice las nubes, prediga que va a llover. Y, sobre todo, escuche: no hay sonido más reconfortante y más ignorado que el de la vida cotidiana.

Aniko Villalba

guien me contó que era el pitillo del diariero repartiendo todos los días. Mis oídos se fueron acostumbrando, volviéndose parte de esta nueva locación. Ajustando los mecanismos para estar atenta a lo que realmente importaba.

Una de las tardes que me habían venido a visitar, mi hermano dijo en un tono gracioso "qué ruido extraño ese pájaro", se había dado cuenta que en realidad no provenía de un animal. Me reí, yo ya había aprendido.

La última fase de la emigración es el biculturalismo, pero no es que te den un certificado o un diploma de la noche a la mañana. Es un proceso, una transformación de adentro hacia afuera; es cambiar de ojos y de oídos, de paladar, de mentalidad; es cambiar la forma en la que los pensamientos y las ideas se ordenan; es cambiar el orden de los recuerdos. Ser bicultural nos mueve las prioridades, esos significantes en nuestro cerebro cambian de manera fluida y sin que lo percibamos. Cuando antes relacionábamos una palabra con algo de nuestro lugar, un día sin darnos cuenta, la cambiamos por otra de nuestra nueva ciudad, como cuando antes decía *pororó* y un día, sin notarlo, me traicioné y dije **pochoclo**. Listo, me había acostumbrado a los ruidos, a los pájaros, a las palabras de la nueva ciudad.

Sentido #3

El agua

Uno de los primeros conocimientos que tengo en la memoria de la escuela primaria era que el agua no tiene color ni olor ni sabor. Pero eso es casi una mentira porque con tantos aditivos y sus modificaciones, el agua es más bien como un souvenir local. Así como el caribe tiene arena blanca y Mar del Plata arena marrón, en Olavarría el agua tiene un sabor diferente, con menos cantidad de cloro, pero más salada. Al pasar deja un color blanco por todo lo que toca. A veces, ver el agua me hacía extrañar el río Paraná.

Pasaban los veranos y yo no tenía agua donde sumergirme. Olavarría tiene varios puentes colgantes que pasan sobre un arroyo. Un arroyo que, por lo que cuentan las historias, se inundó más de un metro sobre la ciudad en la década del 80. Me cuesta imaginarlo porque hoy el arroyo pasa entre las piedras y se puede ver el fondo. La gente se tira desde una plataforma cuando se reciben de sus carreras. Hay un arroyo, pero no se puede nadar en él. Eso me hace pensar aún más en la isla, cruzando el Paraná.

Cruzarlo ya era toda una experiencia veraniega porque el río es ancho y mirar las olas que solamente aparecen por el movimiento de las lanchas, es una imagen imborrable en mi memoria. La tierra en el fondo del agua donde los deditos se hunden y ese olor tan particular, pero soportable, mezcla de tierra y pescado. También extraño eso. Con tanta ausencia de agua tuve que inventar en mi mente esa sensación. A veces, cuando afuera todo aturde, me remonto a la memoria y al momento donde me sumergía en un chapuzón al río Paraná. Siempre me generó impaciencia la gente que va metiendo de a una extremidad a la vez en una pileta, creo que la forma en la que cada persona decide meterse al agua dice mucho de uno. Habla de cómo nos enfrentamos a las cosas que desconocemos y que nos dan miedo, de prudencia o no. Me convencí de que meter una parte a la vez no va a cambiar el hecho de aplacar el cambio de temperatura y que romper la barrera del agua y la piel de un solo instante hace todo más fácil. También me gusta ser de las que ya están sumergidas completamente e incitan a los de afuera convenciéndolos de que el agua está agradable...

Sumergirse mentalmente significa cerrar los ojos y sentir de un momento a otro que los oídos se cierran de manera natural, eliminando el sonido externo, la mente queda vacía, la nariz está completamente adentro, la respiración se contiene unos segundos, sin necesidad de dejar de respirar. La presión del agua imaginaria te deja vivir el momento presente por unos pocos segundos. Es crucial mantener la concentración ahí, en ese instante para que, de un momento a otro, decidas sacar la cabeza y sentir el aire fresco de nuevo.

Tengo el color del río y
su misma voz en mi canto sigo.
El agua mansa y su suave
danza en el corazón.

Oración del remanso, Jorge Fandermole.

Sentido #4

Puertas de Olavarría

Encontré un mini *hobby*, me hice fan de buscar puertas llamativas en Olavarría. Acá no abundan los grafitis ni murales, pero las puertas dicen mucho. Hay puertas que se abren de ambos lados, entrando y dejando salir; hay puertas que solo las puede abrir una persona y no depende de nosotros; hay puertas que tienen el picaporte de nuestro lado y entonces, podemos ser los protagonistas.

Sentía que las veía por todas partes, que mientras más les prestaba atención, más aparecían. También sentí que Olavarría me brindó muchísimas puertas. Me dejó elegir una carrera, me dejó elegir cosas nuevas que aprender, me dejó creérmela en la cocina y la costura. Me dio la llave que necesitaba para ser yo misma; conectar con la creatividad que habita en mí. Todo eso implicó actualizarme, como las aplicaciones del celular. No es porque antes hubiera algo malo en mí, sino que a veces necesitamos ajustes porque ya no somos los mismos y lo que creemos de nosotros mismos ya no le hace justicia a lo que necesitamos.

Yo había cambiado y aferrarme a mis versiones del pasado no me dejaba brindarle a mi versión actual lo que necesitaba para moverse hacia adelante. Olavarría me ayudó a quitarme las etiquetas que habían sido mías hasta los 21 años:

Anti-deportes
Porque nunca le puse entusiasmo a la clase de gimnasia de la escuela y detestaba el voley.

No ser buena para armar cosas
Como rompecabezas, incluso si me gustara hacerlo.

Impaciente
Porque otros me habían hecho creer eso de mí, y me lo creí.

No cocinera
Todavía surgen risas en la mesa cuando mis hermanos mencionan una vez que hice fideos y no los cociné del todo.

Ahí entendí que las etiquetas, muchas veces, están mal ubicadas, porque de chicos nunca nos planteamos si somos buenos en cosas como escribir o dibujar, simplemente si en la escuela nos dicen que tenemos que hacerlo, lo terminamos haciendo. De niños, si algo nos gusta, nos planteamos el poder vivir de eso.

Mudarte a un lugar nuevo te da ese superpoder de sacarte las etiquetas del pasado como si fueran prendas que ya no son necesarias. Sin las etiquetas me sentía más liviana, más auténtica, lista como para empezar a escribir en una hoja casi en blanco.

Cada tarde que salía por algún motivo me detenía ante las puertas de los barrios y miraba más allá de sus vetas o colores. Dejaba que me transmitieran lo que tenían para decirme.

Casa lila

Casa lila de algodón
vos me haces sentir la ternura
en los días de sin ton ni son.
Casa lila de almohadón
vos me haces sentir en el hogar
en los días grises sin don,
casa lila de un mecánico
No entiendo el porqué de tu color.

Una de las decisiones más sabias que tomé fue salir a caminar. Iba derecho por la primera calle que llegaba hasta el centro, iba escapando del sol en el verano, cruzando en zigzag para buscar la sombra de algún árbol o alguna casa. Cuando salía en horarios de siesta siempre tenía la tranquilidad de que en alguna de las casas iba a haber alguien afuera, casi siempre en "la casa del mecánico". Nunca supe si era mecánico o simplemente tenía un depósito, porque el único auto que había era una camioneta gris. Y la casa lila... me generaba mucha ternura, era como que desencajaba en esa cuadra.

Puerta de Villa Aurora

Está la puerta que tímida se abrió
nos dejó pasar como su mejor anfitrión,
nos sirvió té en vajilla de honor,
nos dejó en la mano el coraje y valor.

Villa Aurora era el nombre del barrio donde hacía esos cursos tan mágicos que ya te conté. Desde la primera vez que entré, sentí que, simbólicamente, esa puerta me abrió muchas otras. Era una puerta diferente que me invitaba a entrar con calidez y tuvo la capacidad de darme la valentía de volver a empezar.

Todas las puertas nos dejan algo. Todas están hechas para abrirse o para cerrarse, pero la de Villa Aurora fue la que con más generosidad se abrió. Después de entrar a través de ella todo fue diferente, todo valía la pena. Mi as bajo la manga siempre fue darle un simbolismo a las cosas que parecen pasajeras o simplemente materiales. Ese es un don.

Sentido #5

Cemento de terciopelo

Mucho antes de vivir en Olavarría, yo viajaba una vez al mes a esta ciudad para visitar a Die. Después, con el correr de los meses, lo hacía cada fin de semana que mis ingresos lo permitían. Amaba venir a Olavarría, amaba las tardes en el parque Mitre, andar en auto y dar vueltas, comer helado, tomar mate con yerba CBSé. Amaba la gente que conocía y la que no. Siempre amé caminar, pero cuando venía a Olavarría mis pies pedían ansiosos las caminatas en calles anchas. Cuando volvía a Rosario, mis hermanos me preguntaban qué les había traído, ellos creían que yo iba de vacaciones a algún lugar turístico, porque siempre que alguien en la familia viajaba, traía algún recuerdo propio del lugar. Una tarde le conté esto a Die y él, irónico y gracioso, respondió "podés llevarles una bolsa de cemento".

El cemento iba a pasar a ser una de las entidades olavarrienses más presentes en mi nueva vida. Hay una teoría, que parece más comprobable en la práctica que en los papeles, que dice que el cemento es lo que sostiene esta ciudad. La sostiene económicamente porque tiene dos grandes fábricas de cemento. También la sostiene en pertenencia, porque todo gira en torno a eso. Sus calles son grises y perfectamente planas. El sol penetra cada vereda en el verano y la falta de árboles hace que se vuelva más protagonista. Había días que odiaba el cemento, ese color y esa textura transformaba todo en un poco más monótono y silencioso de lo que era. Yo anhelaba llenar esas calles de color, murales, afiches y miles de cosas. Anhelaba que ese cemento cambiara solo para mí y me cobijara como el barro del Paraná, o como el sol bajando por las escalinatas del Parque España.

Descubrí que el cemento no iba a cambiar, pero todo lo que giraba alrededor de ese material sí. La gente, el amor, la generosidad, la empatía. Descubrí que no somos nuestras circunstancias sino lo que hacemos con ellas. En algún lugar de toda mi existencia yo ya conocía esa verdad, pero mudarme lejos había escondido esa simple idea para que, ahora lejos de mi antigua casa, la volviera a encontrar. Porque cuando perdemos algo sin saber que lo perdimos, vale el doble al encontrarlo. Es como cuando uno ordena su habitación y revolviendo cajas encuentra recuerdos insignificantes que no sabía que tenía, pero decís "menos mal que no lo tiré".

Emigrar es cambiar la forma en la que percibimos, adiestrar de nuevo los sentidos. Nos damos cuenta de lo que llega y lo que se va, porque no naturalizamos nuestro alrededor. Y lo que se va le deja espacio a lo nuevo, a lo inexplorado y a lo novedoso. Quizás siempre estuvo ahí, pero nosotros cambiamos el enfoque.

Ejercicio sensorial: ¿A través de qué sentidos viajas a otros lugares?

1. Reflexioná sobre alguno de tus sentidos, el que tengas más desarrollado.

2. Escribí todo lo que podés percibir a través de él en este momento.

3. Hacé una lista mencionando al menos una cosa que percibas con cada sentido de un lugar específico. ¿Qué cosas están a la vista, qué olores, qué gustos, qué sensación al tacto, qué sonidos tiene ese lugar?

final |

El hogar no es donde naciste.
El hogar es donde cesan
todos tus intentos de fuga.

Naguib Mahfuz

Yo pensaba que las cosas nunca iban a estar bien y ahora me doy cuenta de que todo tenía una razón.

Mientras íbamos en auto por la avenida Alberdi me acordé de esa calle, esa donde empezó –casi– todo. O al menos, donde nació este libro. Le dije a Die, mientras señalaba una perpendicular que, siguiendo por esa calle, estaba el primer taller de costura al que me anoté y que no se había dado. Ni siquiera sé si comenzó, yo simplemente tomé otro camino. También haciendo un mapa mental sobre cómo todas las cosas que no se dieron cuando llegué a esta ciudad, al final, fueron para bien, me acordé de lo frustrada que me sentía por la cancelación del curso de costura y que, M. me recomendó el taller al que iba su hermana, a pocas cuadras de mi departamento. Y de que ese detalle, que pudo haber sido un acto casual, desencadenó una catarata de hechos que me devolvieron a la felicidad. Aunque no toda mi felicidad dependió de ese taller, sí creo que fue un buen primer paso.

Haciendo mapas mentales todo toma otra perspectiva, ya no vemos las cosas sin coherencia ni sin sentido, todo se vuelve más claro. Los obstáculos son algo así como estaciones de servicio en la ruta y, cuando los vemos a lo lejos, somos capaces de encontrarle el lado positivo.
Mientras en mi mente pensaba, simultáneamente hablaba y filosofaba sobre cómo hay cierto orden en la vida. Yo creo en Dios, pero si lo compartiera con alguien que es ateo, estoy segura de que llegaríamos a la conclusión de que hay algo misterioso que nos mueve a otros lugares mejores.

Una de mis películas preferidas de la adolescencia es *Cartas a Julieta* y en la carta que escribe Julieta actualizada ella le dice "y si..." haciendo referencia al ¿Qué hubiera pasado si...? Mientras el auto seguía andando por la avenida se me venían las preguntas a la mente: ¿Qué hubiera pasado si M. no me recomendaba el taller de costura de su hermana? ¿Y si yo no lo hubiera intentado en otro lugar? ¿Y si no me hubiera animado por vergüenza a hablar con P.? ¿Y si hubiera dejado que el miedo y la tristeza me dejaran en mi departamento sin salir a probar cosas nuevas?

También recordé unas vacaciones de verano, cuando estábamos volviendo a Rosario, mi mamá dijo exactamente lo mismo, pero, con otras palabras: *"Yo pensé que las cosas me salían todas mal y ahora me doy cuenta de que me salieron bien".* Como si esa idea aprovechó que mi mamá miraba por la ventana del auto y entró para posarse en su mente; después de casi 25 años lo veía todo claro. Mientras miraba nostálgica unos monoblocks en un barrio que había quedado en la periferia de Rosario, con un suspiro nos contó que, muchos años atrás se había postulado en un sorteo para uno de esos departamentos. Aquello que por años la hizo sentir que no habían sido afortunados en ese entonces, se esfumó en un segundo y todo lo demás cobró sentido.

Tal vez ir en auto sea la clave para que estas verdades reveladoras se nos vengan a la mente. Un poco lo que quiero decir es que, lo opuesto a la decepción y la desilusión de un momento determinado, es la gratitud y, a veces también, la paciencia. Aprender a mirar para atrás y darnos cuenta de que, seguramente eso que no fue en el pasado, nos llevó a un mejor puerto; tal vez ser conscientes de eso nos brinde paz y serenidad por saber que existe la posibilidad de que las cosas que no se dan HOY, igualmente nos están llevando a aguas mejores.

Ejercicio de escritura: Balance de procesos

Un balance no debería ser nunca un check de lo que se logró o no. Un balance es un análisis de nuestros procesos, por eso esta invitación es a escribir basándote en estos tres puntos:

- Todo lo bueno y las cosas que pudiste lograr. Buscando más allá de la victoria, sentir gratitud por los logros.

- Lo malo que creés que te sucedió o te está sucediendo. A veces con la perspectiva del tiempo, las cosas no son tan malas como las sentimos en su momento.

- Lo que se puede seguir trabajando, lo que vale la pena seguir intentando.

Presente y visible

"¿Cuántas veces tenés que ver a una persona para que te salude en la calle?" Esa fue la primera frase de un audio de Instagram con J. Hacía menos de dos meses que se había ido a vivir a otro continente siguiendo al amor. Consiguió trabajo en una empresa, su relación de noviazgo iba increíble, la ropa era baratísima, pero le presentaban gente en alguna cena o evento y después no la saludaban cuando se los cruzaba por la calle.
En el otro extremo del hemisferio del mundo yo salí a caminar con Die, más precisamente a entregar un pedido de mi emprendimiento. Cuando volvíamos por la orilla del arroyo me di cuenta de que no había llevado los lentes. Como a 60 metros alguien me saludó al grito jubiloso de "¡Monsi!". No pude reconocer quién era, de hecho, aunque saqué conjeturas por el lugar, no puedo ni imaginar quién era. Solo sé que alguien que me conocía de la iglesia, porque en otros lugares soy Monse.
Vivir lejos cuesta tiempo. ¿Cuánto? Ni idea. Yo llevo 2 años y hoy me saludaron. Después de 2 años me alegro cuando llego a un lugar y descubro que conozco gente por mí misma, y soy yo quien tiene que presentar a Die.

Vivir lejos de tu ciudad natal es adentrarte en un pantano. No son arenas movedizas porque no van a hundirte, pero va a llevar tiempo acomodar el terreno.

Estar conscientes en un momento lo es todo. Habían pasado casi dos años y medio de vivir en Olavarría. Era sábado por la noche, aunque el día había empezado frío como invierno, terminó como una noche de primavera, aún en pleno otoño. Tenía amigas individuales y mis amigos prestados se habían convertido en amigos cercanos. Trabajaba en algo nuevo, vivía una vida creativa.

Sonaba *Photograph* de Ed Sheran, Die cocinaba. Estábamos dando vuelta las tapas de los tacos en la sartén cuando le conté que en segundo grado de la escuela primaria había un jueguito en el que alguien sostenía un papelito de caramelo bien tenso, una lo golpeaba con el dedo anular y el gordo. Si se rompía, significaba que la persona que te gustaba, gustaba de vos. Reciprocidad. Lo malo era que a veces por razones de física o azar el papelito no se rompía. En realidad, a mí nunca me pasó de que se rompiera... Nos vi ahí, juntos en la cocina y me pareció gracioso contárselo. Nos abrazamos y me susurró al oído que ya no necesitaba romper el papelito. Sí, en ese instante me dí cuenta que estaba comiendo algo que me encantaba, en un departamento que tenía olor a mi casa, escuchando música que habíamos aprendido a que nos guste a los dos. Cerré los ojos, nos abrazamos más fuerte, bailamos descompasados la canción, canté en voz alta porque ya no tenía miedo de todos mis miedos. Me emocioné y pregunté dentro mío si era mucho lagrimear por algo tan común. *C'est la vie.* Tal vez vivir lejos en su punto máximo era exactamente eso.

When she was just a girl she expected the world
But it flew away from her reach
So she ran away in her sleep
Dreamed of para-para-paradise
Para-para-paradise, para-para-paradise
Every time she closed her eyes

En ese momento con mis ojos cerrados, caí en la cuenta, como dice la canción de Coldplay, que estaba en mi paraíso, ese que había soñado con los ojos cerrados mucho antes. En medio de mis tormentas, nunca había planeado toda esta aventura. Estaba lejos, pero mi refugio estaba más cerca que nunca.

Este fue mi proceso y aunque parezca corto, fue un largo recorrido. No todos atravesamos de la misma manera una migración o un cambio. No todos florecemos al mismo tiempo ni en el mismo sentido. Lo que sí creo, es que, durante un proceso como este, *todos crecemos hacia adentro.*

Todos somos humanos, todos nos sentimos similar, y no lo digo yo, lo dicen estos estudios (bueno, en realidad son encuestas que hice a través de mi cuenta de Instagram y opiniones de gente cercana) realizados mientras escribía este libro:

EMIGRAR EN NÚMEROS

90,9% perdidos — Las personas se sintieron perdidas en algún momento del proceso migratorio.

54,5% — De las personas dijo que necesitó que alguien le preste amigos hasta que se acomodó en el nuevo lugar.

59,1% tristes — De los encuestados se sintieron tristes durante el primer tiempo.

68,2% — Sintieron adrenalina y emoción durante los primeros meses. O sea, es normal tener una mezcla de emociones opuestas.

Consejos de otros que ya pasaron por lo mismo:

"Si lo que buscás es gente, hay mucha que está dispuesta a estar para vos, más de lo que pensás. A veces nos matamos pensando en lo que puede salir mal y en realidad lo único que hace falta es tirarse de cabeza con los ojos cerrados, alguien siempre te ataja."

"No pierdas el foco de tus objetivos con claridad, o sobre todo, no pierdas quién sos y a dónde vas. Más allá de que eso pueda ir modificándose o moldeando y adaptándose tu esencia y tus valores no lo hacen."

"Tomalo como lo que es: un cambio. No hay que buscar que todo vuelva a ser como antes porque las cosas no pasan siempre del mismo modo."

"Está bien tener miedo o llorar por nostalgia. El desarraigo cuesta un montón. No tengan miedo de expresarse, no quiere decir que vuelvan corriendo a casa sino que en ese momento es difícil, así que a mimarse, descansar, hablar con alguien y seguir. Ánimo que más adelante te va a parecer una tontería. No tengas miedo de mostrarte tal cual sos, no finjas para encajar."

"Depende del cambio quizás, pero no dejes de hacer lo que sea tu cable a tierra. Eso te hace sentir que hay cosas que nunca van a cambiar y es consolador."

"Pensá en que cada etapa te va a ayudar a cambiar tu mentalidad, amor propio y, sobre todo, es totalmente gratificante ver cómo progresa todo gracias a vos mismo."

"Tené paciencia, es un proceso. Tené siempre todo lo relacionado a trámites organizado, al día y averiguado. Ningún papel está de más. Nunca son demasiados alfajores para llevarte."

"Transitar los miedos y las angustias, que son parte del viaje, sin dejar que limiten la acción."

"Tejer una red de afectos, que cerca o lejos, sean contención y oído."

"Estar abierto a todo, no te aferres a como era antes."

"No compares, cada lugar tiene su encanto."

historias |

Para constatar que esto no me pasaba solo a mí, entrevisté a Ludmila y Sofía, dos inmigrantes que me dejaron compartir sus historias en este libro.

> Ludmila Lastarria:
> emigró de una ciudad a otra

¿Te sentiste perdida en algún momento? Hablando en términos emocionales y en cuanto a tu esencia.

Sí, totalmente. Externamente estaba mejor, todo a mi alrededor estaba mejor de lo que era, yo no me daba cuenta al principio que había sido un cambio grande. Pero internamente no sentía que fuera "mi lugar".

¿Qué te ayudó a atravesar el proceso y acomodarte en el nuevo lugar?

Compartir esa incomodidad con amigos y familiares; hasta en terapia que, en realidad, ahí es donde me di cuenta. Pero lo que me volvió a "mí" fue hacer cosas que me apasionan hace mucho, eso volvió a mi nuevo hogar en mi lugar.

¿Cuáles fueron los aprendizajes de esta experiencia? ¿Tenés algún consejo para regalar?

- Que los cambios son cambios, y lo que hacemos con el cambio es lo que lo hace bueno o malo, por las decisiones que tomamos a raíz de eso.

- Que compartir con otros estas cosas puede traer amistades nobles y fortalecer lazos ya hechos.

- Que todo tiene su proceso y ninguno es igual a otro.

Sofia Smith:
emigró a otro país

¿Te sentiste perdida en algún momento?
Hablando en términos emocionales y en cuanto a tu esencia.

No tanto. Sí que hubo momentos difíciles y donde a veces la razón de viaje de otras personas me hacía olvidar cual era MI propósito, pero intento siempre volver a recordármelo las veces que sea necesario.

Las ganas que tenía, soy una persona de mucha fuerza. También terapia y obvio, buena compañía. Ah y algo clave: ¡tener paciencia!

Pienso que emigrar es la clave para madurar. Abrir la cabeza, abrir los horizontes, conocer gente nueva, de distintos lugares, salir de esa zona de confort a la que nos acostumbramos, sentir incomodidad. Siempre digo que aunque por momentos la pasé mal, la experiencia de emigrar siempre fue positiva porque, mínimo vas a saber lo que sí y lo que no te gusta/querés en tu vida. Tener mucha mucha fe, confiar que la vida nos pone en donde tenemos que estar y que, con paciencia, todo se acomoda.

Reconocer también el camino recorrido y sentirme orgullosa de estar en el lugar donde tanto soñé.

mini guía
para sobrevivir una
MIGRACIÓN

Tener cosas alrededor que siempre hagan que cualquier lugar se sienta como **HOGAR**

La vida no es lineal, los cambios sí son buenos y *pedir ayuda está bien.*

Buscar un **pasatiempo** o hobby, mantenerse ocupado.

Si es posible tener un **contacto** (persona que se maneja **bien**) en el nuevo lugar y que pueda presentarte gente, es lo mejor. Si no, en lo personal, a mí me costó mucho.

¡Sigamos en contacto!

✉ monserrat.gamboa.castro@gmail.com
📷 @monsiwrites

¡gracias!

A Dios, por darme talentos y el impulso
para ponerlos al servicio de otros.
A Die, mi amor, mi compañero para siempre.
Por creer en mis ideas y hacerlas propias.
Por sostenerme y poner sus cartas de la vida a
disposición de mis sueños.
A mis hijos, a quienes quiero transmitirles la idea
de que los sueños se pueden hacer realidad.
A mis amigas, por su compañía cerca o lejos siendo
co-creadoras de esta historia.
A mi familia de origen y política, por su apoyo,
su motivación y la ayuda para sentarme a crear.

www.ingramcontent.com/pod-product-compliance
Lightning Source LLC
LaVergne TN
LVHW020139080526
838202LV00048B/3972